Ingrid Schindler

FINGERFOOD
Italienisch

MIDENA

Die Deutsche Bibliothek – CIP-Einheitsaufnahme

Schindler, Ingrid
Fingerfood italienisch / Ingrid Schindler.
Küttigen/Aarau : Midena ; Augsburg : Weltbild, 1999
ISBN 3-310-00326-4

Alleinvertrieb für Deutschland:
WELTBILD VERLAG GmbH
Steinerne Furt 68-72, 86167 Augsburg

Gestaltung Umschlag: Dora Eichenberger-Hirter, Birrwil
Inhaltskonzept: Ursula Mötteli, Grafikdesign, Aarau
Foodbilder: Evelyn und Hans-Peter König, Zürich
Bilder Einführungsteil: Evelyn und Hans-Peter König, Zürich;
Ingrid Schindler und Archiv Verlag
Lithos: Lang Polycom AG, Basel
Satz: Kneuss Satz AG, Lenzburg
Druck und Bindung: Neue Stalling Oldenburg

ISBN 3-310-00326-4

Inhaltsverzeichnis

Verdure fresche, fritte e ripiene

Anhang

Verwendete Abkürzungen

EL = gestrichener Esslöffel
TL = gestrichener Teelöffel
ml = Milliliter
dl = Deziliter
Msp = Messerspitze

Wo nicht anders vermerkt, sind die Rezepte für 4 Personen berechnet.

Fingerfood ist die ursprünglichste Art zu essen. Jahrtausendelang haben die Menschen die Nahrung entweder mit den Fingern zu Munde geführt oder sie mit dem Messer aufgespießt. Während das Messer 1,5 Millionen Jahre alt ist, ist der Löffel mit 20000 Jahren vergleichsweise jung und steckt die Gabel mit einem Alter von nicht einmal 1000 Jahren noch in den Kinderschuhen. Die alten Römer aßen ungeniert, wie die anderen Völker auch, mit den Fingern, egal ob vornehm, reich oder arm.

Das Aufkommen von Tischgabeln im 11. Jahrhundert in der Toskana hat noch lange nicht zu ihrer Durchsetzung geführt. Das schockierende neue Utensil galt als prätentiös, gotteslästerlich und war bis ins 18. Jahrhundert hinein dem Spott ausgesetzt. Erst mit dem Erstarken des Bürgertums im Zeitalter der französischen Revolution konnte sich die Gabel als Zeichen des Luxus und der Vornehmheit in den oberen Ständen etablieren. Zugleich kam in Mode, dass jeder Esser über ein eigenes Besteck bzw. Gedeck verfügte, was bis dahin nicht üblich war. Mit der Erfindung des rostfreien Edelstahlbestecks in den zwanziger Jahren dieses Jahrhunderts gelang dem Dreigespann Messer, Gabel und Löffel schließlich der endgültige Durchbruch.

Die moderne Fingerfood-Küche ist also so abwegig nicht. Jede Küche der Welt basiert auf Gerichten von der Hand in den Mund. Und dass die italienische Küche eine besonders reiche Fundgrube ist, davon wollen Sie die Rezepte in diesem Buch überzeugen. In bin sicher, Sie teilen mit mir nach dem Ausprobieren meiner Vorschläge die Ansicht, dass es sich – auf italienische Art – von der Hand in den Mund ganz hervorragend leben lässt.

Ingrid Schindler

Eine kleine Warenkunde

Was Sie aus dem Italienurlaub mitbringen oder dort probieren sollten.

Italien ist ein Schlaraffenland. Üppige Antipastibuffets hier, verlockende Marktstände dort, verführerische Salumerien, Enoteche, Pasticcerie und überbordende Delikatessengeschäfte finden sich allerorten und überall gibt es köstliche Snacks auf der Hand. Das Angebot an frischer Ware ist größer und qualitativ besser als zu Hause. Und günstiger ist es auch. Hinzu kommt eine große Auswahl an Olivenöl und Essig, Käse, haltbarer Wurst und vor allem eingelegtem Gemüse und Pilzen, die noch Wochen nach dem Urlaub italienisches Flair auf den Tisch zaubern. Am letzten Urlaubstag Lebensmittel einzukaufen, sei es im Tante-Emma-Laden oder im Supermercato, lohnt sich in jedem Fall. Deshalb im Folgenden eine kleine Warenkunde, die Sie nicht nur zum Profi in Sachen «Fingerfood italienisch» macht, sondern auch eine Einkaufshilfe sein soll.

BROT, PIZZA, TORTEN UND FLADEN

Die Italiener/innen sind Meister in Sachen Brötchen. Nicht unbedingt was das Backen selbst angeht, sondern das, was obendrauf kommt. Der Belag hat nichts mit dem Einerlei der Wurstsemmeln und Sandwiches zu tun. Belegte Panini, Crostini, Bruschette & Co. spielen die ganze Klaviatur der üppigen Landwirtschaftsprodukte raffiniert durch, so dass einem bei ihrem Anblick das Wasser

nur so im Munde zusammenläuft. Hinzu kommen das riesige Spektrum an Focacce und Pizze, die nichts anderes als gebackene heiße Fladenbrote sind, sowie eine überraschende Vielfalt an pikanten Gemüsekuchen, die hierzulande noch wenig bekannt ist.

Calzoni
Die gefüllten Pizzateigtaschen sind einer der Klassiker der Pizzabäckerei. Große Calzoni werden im Ofen gebacken, kleine auch in der Pfanne in heißem Olivenöl frittiert. Ursprünglich wurden Calzoni nur mit Zwiebeln gefüllt.

Ciabatta
Böse Zungen behaupten, diese Brote seien umhüllte Luftblasen. Tatsächlich eignen sich die luftigen Weißbrotwecken bestens zum Füllen.

Crostata oder Torta
Die herzhaften, salzig belegten Kuchen mit Böden aus Blätterteig (Sfogliate), Mürbeteig, Quarkölteig oder auch Pizzateig sind im ganzen Land als Vorspeise, Snack oder Zwischengericht beliebt. Zu den berühmtesten Torte zählen die ligurische Ostertorte mit Artischocken, die Mangoldtorte oder die Schellfischtorte.

Crostini und Bruschette
Die gerösteten und appetitlich belegten Weißbrot- oder Bauernbrotscheiben sind von den italienischen Tafeln nicht wegzudenken. Das Brot soll möglichst trocken, am besten vom Vortag sein und keine bzw. kaum Luftlöcher aufweisen. Crostini und Bruschette werden mit oder ohne Olivenöl in der Pfanne oder im Backofen geröstet. Man kann sie auch im Toaster toasten, aber dann sind sie weniger knusprig. Je nach dem werden die Brotscheiben auch mit Belag geröstet. Die Grenze zwischen Crostini und Bruschette ist fließend. So recht weiß niemand genau, worin der Unterschied besteht. Bruschette sind eher etwas dicker geschnittene Scheiben von einem kräftigen Bauern- oder Vollkornbrot, während man für Crostini meist etwas dünner geschnittene Weißbrotscheiben nimmt. Beide sollten warm serviert werden. Es versteht sich von selbst, dass man zum Beträufeln nur Olivenöl von bester Qualität verwendet.

Farinata
Die ligurische Pizza-Variante wird aus Kichererbsenmehl, Olivenöl und Wasser zubereitet und mit Salat als Beilage gegessen.

Fettunta
Italienischer Ausdruck für eine Scheibe Brot mit Öl. Diese wird besonders als Vorspeise geschätzt, wenn auf diese Weise im Spätherbst ein neuer Jahrgang frisches Olivenöl «degustiert» wird. Dabei röstet man dicke Landbrotscheiben über Holzkohlenglut, reibt sie heiß mit Knoblauch ein, bestreut sie mit Salz und träufelt Olio nuovo darüber.

Focaccia und Fladenbrote
In ärmlichen Regionen, besonders im Norden des Landes und in Sardinien, sind mehr oder weniger harte Fladenbrote fester Bestandteil der traditionellen Küche. Harte, dünne Fladenbrote, Crespelle, halten sich ewig. Piadina ist eine Spezialität aus der Emilia-Romagna. Sie besteht aus Mehl, Wasser, Salz und

Schmalz und wird auf einer heißen Tonplatte hauchdünn gebacken. Für Sardinien sind Pane carasau und Carta di muscia typisch, ebenfalls hauchdünn und knusprig gebacken. In Südtirol kennt man das Schüttelbrot. Focacce sind Fladenbrote aus Pizzateig, die knausrig belegt werden und dennoch hervorragend munden. Die Hauptzutaten sind Wasser, Mehl, Hefe, grobes Salz, Oliven oder Rosmarin. In manchen Regionen kennt man Rezepte mit Kicherebsen- oder Kastanienmehl zubereitet. Pizze sind die reicher belegten Varianten der Focacce.

Grissini

Wer kennt sie nicht, die dürren, trockenen Weißbrotstängel in Papiertüten, die zu einem ordentlichen italienischen Gedeck gehören wie das Amen in der Kirche? Selbstgemachte (Vollkorn-)Grissini oder solche vom Bäcker schmecken nicht nur besser, sie sehen auch schöner, weil unregelmäßiger aus.

Panini

Die länglichen oder oval-geschnörkelten italienischen Brötchen sind für deutsche Vollkornfans meist ein luftiger, papierartiger Graus. Trotzdem: Belegt schmecken sie gut.

Pizza

Die weltberühmte Spezialität wurde in Neapel 1889 zu Ehren der ersten italienischen Königin, Margherita, erfunden. Pizza Margherita mit einem Belag aus den italienischen Nationalfarben, roten Tomaten, weißem Mozzarella und grünem Basilikum, ist die «Urmutter» der unzähligen Pizzakreationen auf der ganzen Welt. Gleichwohl ist die Pizza Margherita mit ihrem vergleichsweise spartanischen Belag im Aroma nicht zu schlagen. Sie schmeckt am besten heiß und im Holzofen bei hoher Temperatur gebacken.

Tramezzini

Wenn Italiener Toastbrot essen, schneiden sie die Brotscheiben in diagonale Hälften und entfernen die Rinde, was die Tramezzini, wie sie dann heißen, für unseren Geschmack ziemlich wertlos macht. Wir toasten bzw. rösten sie deshalb in jedem Fall. Eine italienische Spezialität landauf, landab ist Mozzarella in carrozza: Mozzarellascheiben werden zwischen zwei Tramezzini-Ecken gelegt, die beiden werden mit Wasser und Ei verklebt und in heißem Olivenöl gebraten. Beim Pandorato verirren sich zusätzlich eine Scheibe gekochter oder roher Schinken und manchmal auch Tomaten zwischen die Toasthälften.

GEMÜSE, HÜLSENFRÜCHTE, MAIS

Die italienische Küche ist primär eine vegetarische Gemüseküche. Unsere südlichen Nachbarn verstehen es vorzüglich, die sonnengereiften, üppig wachsenden Gemüsesorten delikat und unverfälscht zugleich zuzubereiten. Was nicht frisch verzehrt werden kann, wird in Essig oder Olivenöl eingelegt oder getrocknet. Die folgenden Gemüsesorten werden in der italienischen Küche bevorzugt.

Artischocken (carciofi)

Im Artischockenanbau, vor allem in Kampanien, Apulien, Latium und Sizilien, ist Italien Weltmeister. 95% der Produktion

gehen in den Export. Nirgendwo versteht man es besser, die äußerst gesunden Herzen so wohlschmeckend und vielseitig zuzubereiten: eingelegt in Öl, roh zu Pinzimonio, als Salat, gekocht mit Vinaigrette oder Bagna cauda, in Torten und auf Pizze.

Auberginen (melanzane)
Auberginen sind im ganzen Mittelmeerraum heimisch. Besonders nimmt man sich der Eierfrüchte in Süditalien, Sizilien und Sardinien an. Zusammen mit in Öl gebratenem Gemüsepaprika/Peperoni, Pilzen und Zucchini bilden sie den klassischen Gemüse-Vorspeisen-Teller. Sie werden konserviert, mit Parmesan überbacken, frittiert, gefüllt, zu Pasta oder Pizza gereicht oder als Sauce verarbeitet – und in jedem Fall heiß geliebt.

Fenchel (finocchio)
Ein von Cortina bis Messina beliebtes Gemüse, das roh als Salat, gekocht, frittiert, mit Parmesan gratiniert und wegen seiner Süße sogar als Dessert serviert wird. Fenchel gilt auch als unverzichtbarer Bestandteil des Pinzimonio, des toskanischen Olivenöl-Gemüsegerichts.

Gemüsepaprika/Peperoni
Rot ist das Zeichen der Reife, grüne Früchte sind nicht ausgereift und müssen dementsprechend länger gegart werden als rote oder gelbe. In der italienischen Küche werden sie als zartes Antipasti-Gemüse oder gefüllt serviert.

Hülsenfrüchte
Bohnen, Erbsen, Linsen und Kichererbsen sind in der italienischen Küche fest

verankert, vor allem in den Provinzen in der Mitte des Landes (Toskana, Umbrien, Apulien, Abruzzen und Molise).

Kohlfamilie
Ob Brokkoli, Blumenkohl, Spitzkohl ..., die unterschiedlichen Kohl-Spielarten sind weit verbreitet. Der grüne Brokkoli wird vor allem in Kalabrien und Sizilien kultiviert. Kein Wunder, dass man dort entsprechend viele Brokkoli-Rezepte kennt, z.B. Pizza calabrese. Der schöne Grüne Kohl wächst übrigens auch auf der Alpennordseite prächtig.

Maisgrieß/Polenta
Das Grundnahrungsmittel Mais ist vor allem in der norditalienischen Küche zu Hause. Aus Maisgrieß wird in 30 bis 40 Minuten die Polenta gerührt, die in 1001 Variation serviert wird – traditionell auf einem Holzbrett. Man schneidet kalt oder warm Scheiben von der Polenta ab, mitunter wird sie frittiert oder gebacken und mit Ragout serviert. Der Topf sollte aus Kupfer, Gusseisen oder Aluminium und hoch genug sein, damit man mit einem flachen Holzspatel, dem Bastone, kräftig rühren kann, ansonsten «hockt» die Polenta am Topfboden an. Eine venezianische Spezialität ist Polenta mit Stockfisch.

Radicchio rosso
Die leicht bitteren, runden Radicchio-Köpfe werden in Italien nicht nur als Salat verzehrt, sondern auch und vor allem als Gemüse, vornehmlich gebraten oder gegrillt. Farblich und im Geschmack harmoniert er gut mit Spinat. Radicchio di Treviso ist die längliche, glatte und mildere Verwandte aus Venetien.

Spinat (spinacio)
Das Ganzjahresgemüse aus dem Norden und der Mitte des Landes ist unverzichtbar für das Nudelfärben und für Raviolifüllungen. Es verträgt sich exzellent mit den Küchengrößen Ricotta, Parmesan und Olivenöl und ist, nicht nur deswegen, eine wichtige Grundzutat.

Stangen-/Staudensellerie (sedano)
Eines der Lieblingsgemüse der italienischen Köche/innen, besonders im Piemont, obwohl er hauptsächlich im Süden angebaut wird. Stangen-/Stauden- oder Bleichsellerie kommt in Pinzimonio und Bagna cauda, in Gemüseeintöpfen oder roh als Salat auf den Tisch und wird auch zum Würzen verwendet.

Tomaten (pomodori)
Wer gern italienisch kocht, sollte Tomaten immer vorrätig haben. Im Sommer und Herbst sind frische, vollreife Tomaten vorzuziehen. In der restlichen Jahreszeit sind oft Konserven besser als das Gros der unreif gepflückten Gewächshausware. Für den Vorrat eignen sich: Pelati-Dosentomaten für Saucen, Tomatenmark zum Verstärken des Aromas und Binden von Saucen und in Öl eingelegte, getrocknete Tomaten, die über ein ganz spezielles Aroma verfügen. Letztere eignen sich zur Herstellung von Tomatenpasten, zur Verzierung, pur zum Aperitif oder auch als Beignet.

Zucchini
Die bunten Angehörigen der Kürbisfamilie sind in der italienischen Küche stark vertreten. Süßsauer eingelegt, gekocht, gebraten, frittiert oder als Füllung wer-

den sie serviert. So unerlässlich wie Auberginen, weil verträglich mit Parmesan, Ricotta & Co. Eine besondere Spezialität sind gefüllte oder frittierte Zucchiniblüten.

PILZE

In Italien sind Pilze ein Muss, Pilze sammeln ist seit der Antike eine weit verbreitete Leidenschaft. Piemont, Lombardei, Venezien, Ligurien, Trentino und Emilia-Romagna sind die Hauptzentren dieser Sucht und Lust auf Pilze, allen voran den Steinpilz. Aber auch in den anderen Provinzen finden sich wildwachsende Pilze. Auch Champignons und Trüffel sind in Italien sehr beliebt, so dass trotz der großen Vorkommen an wildwachsenden Pilzen und der hohen Produktion von Zuchtpilzen das einheimische Potential nicht ausreicht.

Champignons und wildwachsende Pilze (funghi)

In Olivenöl und Kümmel gebratene Reizker, frittierte Champignons, roher Champignonsalat mit Knoblauch, panierter Parasol, sautierte Judasohren – in Italien sind die Spezialisten am Werk, und deshalb kann und will auch keine italienische Fingerfood-Küche auf die Delikatessen aus Wald und Wiese oder Zucht verzichten.

Steinpilze (porcini)

Die edlen Steinpilze sind, abgesehen von den Trüffeln, die Lieblingspilze der Italiener und sie schmecken hier göttlich – sei es eingelegt in bestem Olivenöl, roh und hauchfein geschnitten als Carpaccio, gebraten auf Rucolasalat, frischer Pasta, Bruschette oder Pizze usw. Nirgendwo findet man ein imponierenderes und schöneres Angebot an Steinpilzen, und zwar vom Marktstand bis zum Supermarktregal. Getrocknet sind sie das ganze Jahr über erhältlich.

Trüffel (tartuffi)

Der Kaviar des Waldes, das Gold des Piemont, ist auf der ganzen Welt eine rare und enorm teure Delikatesse – 20 g weiße Trüffel kosten gut und gern 100 Schweizer Franken. Während die Trüffel in der Regel einer kleinen Elite vorbehalten ist, sieht man das in Italien ganz anders. Jedermann kennt sie und isst, so Carluccio, mindestens einmal im Jahr wenigstens Pasta mit gehobelten frischen Trüffeln. Die Trüffeln werden mit einem spitzen Messer gesäubert und über das Essen mit einer einfachen Käsereibe gerieben bzw. untergemischt. Wer mag, kann das Aroma mit ein paar Tropfen Trüffelöl intensivieren.

KRÄUTER, GEWÜRZE, ESSIG, ÖL

Würzige Kräuter, Knoblauch, Zwiebeln, Olivenöl und Essig bilden die Grundpfeiler der italienischen Küche. Die wichtigsten Vertreter, mit deren Hilfe man italienische Geschmacksnuancen kreieren kann, stellen wir hier vor, wobei dies natürlich nur eine Auswahl darstellt.

Balsamessig (aceto balsamico)

Der König der Essige aus der Gegend von Modena hat wenig mit herkömmlichem Salatessig zu tun. Seine ungebrochene steile Karriere in der Welt der Feinschmecker hat er der Insalata Caprese zu verdanken. Mittlerweile kann der Gourmet, der etwas auf sich hält, in Aceterien, speziellen Essigläden, die edle Flüssigkeit wie teuren Jahrgangswein erstehen. Aus bestem Weißwein und speziellen Essigmuttern hergestellt, reift der Balsamico di Modena jahrelang in immer kleineren Fässern, angefangen von Fässern aus Kastanien-, Kirsch- oder Eschenholz bis zu Maulbeerholz und Wacholderfässchen für die feinsten Sorten. Der dickflüssige, dunkelbraune, süßsaure Essig, der eher eine Würze ist, kann mehr als 100 Jahre gelagert werden, dementsprechend sind die Preise.

Basilikum (basilico)

Der Dauerfavorit unter den Küchenkräutern seit etwa Anfang der 80er Jahre. Das aus Indien stammende würzig-frische, leicht pfeffrig schmeckende Kraut verleiht allen typischen italienischen Gerichten, die man im Ausland kennt – von Pasta über Pizza bis Tomatensuppe und Tomatensalat – das richtige «Italo-Flair», zumal wenn es in Begleitung von Olivenöl aufgetischt wird. Die begehrte Wirkung verpufft allerdings unversehens, wenn das aromatische Pflänzchen gekocht bzw. erhitzt wird. Basilikum will nämlich immer die krönende Zutat eines fertigen Gerichts sein.

Gremolata

Die würzige Salsa aus Knoblauch, glattblättriger Petersilie und unbehandelten Zitronen ist die klassische Würze für Ossobuco, die köstlichen, geschmorten Beinscheiben/Haxen vom Kalb. Die frische Mischung passt aber auch gut zu gebratenem oder frittiertem Gemüse wie Auberginen, Zucchini und anderen.

Kapern (capperi)

Die zarten graugrünen Blütenknospen verleihen Saucen und Ragouts eine pikante, unverwechselbare Geschmacksnote. Sie werden mariniert und in Salz eingelegt. Wenn man das Glück hat, in Salz konservierte Kapern zu finden, sollte man diesen unbedingt vor den in Essiglake eingelegten aus dem Supermarkt den Vorzug geben. Je kleiner die Kapern, desto besser.

Oliven und Olivenöl (olive und olio d'oliva)

Das A und O der italienischen Küche sind Oliven und ganz besonders kaltgepresstes Olivenöl extra nativ; «nativ» bedeutet aus erster Pressung. Jede Region hat ihre eigenen Olivenöl-Spezialitäten mit teilweise sehr unterschiedlichen Geschmacksnoten und Aromen. In vielen Regionen wird nicht nur fast ausschließlich mit dem gesunden Oli-

venöl gekocht, sondern werden auch kalte Speisen, Brot und rohes Gemüse mit Olivenöl beträufelt, was dem Aroma und der Wirkung von fettlöslichen Vitaminen dient. Nichtsdestotrotz gibt es Regionen, in denen Butter bevorzugt wird, so z. B. in der Poebene und in den Alpenprovinzen.

Oregano (origano)
Der wilde Majoran passt exzellent zu Tomaten, Auberginen und Oliven sowie zu Pastasaucen, Pizze und Pasten. Er ist eines der wenigen Kräuter, deren würzig intensives Aroma noch gewinnt, wenn sie getrocknet werden. Oregano wächst mühelos und hemmungslos im eigenen Garten oder auf dem Balkon.

Pesto
Die kalt zubereitete Sauce aus Basilikum, Knoblauch, Pinienkernen, Olivenöl und Parmesan ist der Pastasaucenhit der 90er Jahre. Jetzt haben auch die Nordländer gemerkt, wie praktisch und einfach zuzubereiten eine der köstlichsten Saucen der Welt ist. Schmeckt herrlich frisch-würzig und kann zu vielem mehr als Pasta gereicht werden. Ursprünglich in Ligurien beheimatet, kennt man dort verschiedene Verwendungen für Pesto: zu Minestrone, Bandnudeln und Gnocchi.

Petersilie, glattblättrig (prezzemolo)
Die glatte, große und üppig gebündelte italienische Petersilie ist eine Augen-

weide im Vergleich zu dem, was man hierzulande unter Petersilie im Supermarkt findet. Unbedingt aus dem Urlaub mitnehmen und fein säuberlich gehackt einfrieren, dann ist man längere Zeit mit schönster Petersilie günstig versorgt. Prezzemolo im Garten oder in Balkonkisten selber ziehen lohnt sich allemal.

Pfefferschoten/Peperoncini
Die kleinen scharfen Pfefferschoten sind vor allem aus der süditalienischen Küche nicht wegzudenken und ihr Verbrauch außerordentlich hoch. Sie werden gern mit Sardellen und Kapern kombiniert, wobei man sich dann die Verwendung von Salz sparen kann.

Rosmarin (rosmarino)
Was wären ein gebratenes Huhn, Leber, Kaninchen oder Lamm ohne die herbwürzigen Nadeln dieses typischen Mittelmeerkrauts? Rosmarin verträgt sich besonders gut mit gegrilltem Fleisch und Gemüse und Kartoffeln in Olivenöl. Wenige Nadeln genügen, am besten frisch, um das unverwechselbare Aroma sich entfalten zu lassen.

Rucola
Der Senkrechtstarter unter den Salatkräutern. Das ausgeprägte pfeffer- und senfartige Aroma der länglichen, gezackten Blätter macht aus jedem langweiligen grünen Salat einen Gaumenschmaus. Die Italiener mögen Rucola auch solo als Salat, je nach Gusto mit fein gehobeltem Parmesan, Olivenöl und Essig oder Zitrone zubereitet. Sie ist der klassische Begleiter eines Carpaccio und wird auch für Pastasaucen, Risotto, Dips oder Pizze verwendet.

Safran (zafferano)
Venedig war einst der wichtigste Umschlagplatz für Waren aus dem fernen Osten und so ist es nicht erstaunlich, dass auch exotische Gewürze wie der Safran in die italienische Küche eingegangen sind. Die kostbaren, teuren roten Fäden der Krokuspflanze, die einst als Zahlungsmittel akzeptiert wurden, werden vor allem zum Färben und Aromatisieren von Risotto, Fischgerichten und Polenta sowie für Desserts eingesetzt. Es lohnt sich, für echten Safran etwas mehr auszugeben, statt sich mit Kurkuma zufriedenzugeben, der zwar auch gelb färbt, aber nach Curry schmeckt. Sardinien produziert übrigens Safran von sehr guter Qualität.

Salbei (salvia)
Das an Hustenbonbon erinnernde Kraut (Salbei ist ein altbewährtes Mittel bei Husten, Halsschmerzen und Fieber) erfreut sich in ganz Italien großer Beliebtheit: Angefangen von Salvia fritta (Salbeiblätter im Ausbackteig) über Pasta alla salvia, Saltimbocca, gebratener Leber bis zu Ravioli- und Tortellinifüllungen und Gemüsegerichten.

Thymian (timo)
Ein populäres Küchenkraut, das ähnlich wie Rosmarin und häufig zusammen mit diesem für Fleisch (Lamm, Schwein, Wild), Saucen und Fleischmarinaden verwendet wird und sehr gut zu Gemüse passt, vor allem dem Mittelmeertrio Aubergine – Zucchino – Gemüsepaprika/Peperoni.

FISCH UND MEERESFRÜCHTE

Das Angebot an frischen Fischen ist enorm groß und qualitativ sehr gut. Das Land, das sich wie kein anderes in Europa ins Mittelmeer «ausdehnt» – mit den Inseln verfügt es über eine Küstenlänge von über 5000 Kilometern –, hat natürlich seit jeher mit Fischfang zu tun und eine dementsprechend breitgefächerte Fischküche entwickelt. Wir stellen hier nur die für unsere Fingerfood-Rezepte relevanten Zutaten aus dem Meer vor.

Meeresfrüchte (frutti di mare)

Die Italiener lieben Meeresfrüchte – Kalmare/Tintenfischringe, Scampi, Garnelen/Krevetten, Muscheln – und bereiten sie auf viele verschiedene Arten zu. Fritto misto di mare gehört zu den populärsten Antipasti. Meeresfrüchte finden sich auch auf Pizza, Pasta u. v. m.

Sardellen (acciughe, sardelle)

Die kleinen, salzigen Fische mit den widerborstigen, weichen Gräten sind in der italienischen Küche und besonders in der Antipastiküche absolut unverzichtbar. Dem Sardellen ungewohnten Nordländer tut sich bei diesem Produkt eine völlig unbekannte Wissenschaft auf. Sie werden frisch (alici) oder in Salz oder Öl eingelegt (acciughe) verwendet. Fangfrische Sardellen, die heute weitgehend aus der Türkei kommen, da die italienischen Gewässer völlig überfischt worden sind, gelten als Delikatesse.

Stockfisch (baccalà)

Der getrocknete Kabeljau ist in allen Mittelmeerländern sehr populär, war es doch früher eine gute Möglichkeit, Fisch zu konservieren. Wie in Portugal sind Baccalà-Gerichte in Italien eine alte Tradition und nach wie vor sehr aufwendig, da der in Salz eingelegte und getrocknete steinharte Fisch erst einige Tage gewässert und dann ziemlich mühsam filetiert werden muss. Es gibt viele Arten der Zubereitung dieses ganz speziell schmeckenden Fisches.

SCHINKEN, WURST UND FLEISCH

Salume – das Wort ist der Überbegriff für Schinken und Wurstwaren. Sie spielen in der italienischen Küche eine große Rolle. Meist werden sie als Antipasti auf einer Platte serviert, fein aufgeschnitten und mit Gemüse in Öl oder Essig, Feigen oder Melonen angerichtet. Die Vielfalt ist beeindruckend, die Qualität hoch und die Verbreitung der italienischen Wurstwaren auf der ganzen Welt groß.

Bresaola

Das gepökelte, luftgetrocknete Rinderfleisch ist eine Spezialität der italienischen Alpenprovinzen. Es wird gern sehr fein aufgeschnitten als eine Art Carpaccio gereicht, mit Zitrone, Olivenöl, grobem Pfeffer und Rucola – eine pure Gaumenfreude!

Coppa

Die Wurst aus magerem ausgelöstem gesalzenem Schweinenacken, die in mit Weißwein getränkten Tüchern reift, schmeckt ähnlich wie Rohschinken und ist in ganz Italien sehr beliebt.

Leber (fegato)

Von allen Innereien, die in Italien wie in Frankreich gern gegessen werden, ist frische Leber, und zwar vom Kalb, am begehrtesten. Gebraten oder gegrillt kommt sie auf den Tisch oder püriert als Aufstrich für Crostini (oft auch Hühnerleber).

Mortadella

Die durch den Fleischwolf gedrehte Mischung aus Rinder- und Schweinefleisch hat es wie ihre Schinkenkollegen zu internationaler Berühmtheit gebracht. Der Fleischteig wird mit Gewürzen und Pistazien verfeinert und bei trockener Hitze gegart.

Parmaschinken (prosciutto di Parma)

Weltberühmte Schinkenspezialität aus der Provinz Parma. Der echte Parmaschinken wird nur aus den schönsten Keulen/Schenkeln und nach strengem Regelment hergestellt. Die ausgewählten, 11 kg schweren Keulen/Schenkel werden in die richtige Form gebracht, gesalzen und an den freigelegten Stellen mit Schmalz eingerieben, um sie vor dem Austrocknen zu schützen. Sie müssen mindestens ein Jahr luftgetrocknet werden, und zwar im richtigen Luftstrom, der den Duft von Kastanien- und Pinienwäldern transportiert. Der fertig gereifte Schinken wiegt nur noch 7 kg.

Rohschinken (prosciutto di San Daniele)

Der aus dem Friaul stammende Rohschinken macht dem Kollegen aus Parma Konkurrenz. Manche halten ihn für den noch edleren, weil milder im Geschmack.

Salame

Die gut abgehangenen Würste aus gehacktem Schweinefleisch, Fett, Salz und Gewürzen werden in Italien in großer Bandbreite hergestellt. Jede italienische Stadt hat ihre eigenen Spezialitäten. Genießen kann man sie überall und immerzu, am liebsten mit einem Glas Wein vor dem Essen.

Speck (pancetta)
Der gepökelte, rosa-weiß-gestreifte Bauchspeck ist in der italienischen Küche unverzichtbar. In gerollter Form enthält die luftgetrocknete Schweinebrust weniger Fett.

Speck, Südtiroler
Die Rohschinken-Spezialtät aus dem Südtirol ist ebenfalls etwas für feine Gaumen. Vor dem Räuchern wird der magere Speck mit Salz und Alpenkräutern gepökelt.

KÄSE

Tomaten und Käse sind Zutaten, auf welche die italienische Küche, welcher Region auch immer, auf keinen Fall verzichten kann. Das Angebot ist reichhaltig, so dass wir uns hier auf die wichtigsten Vertreter konzentrieren.

Fontina
Das Original, Fontina tipica, ist ein würziger Rohmilchkäse aus dem Aostatal. Er ist ein Schnittkäse, wie auch der Asiago aus den südlichen Dolomiten, und wird in den verschiedenen Fettstufen medio, piccante und grasso di monte (je nach Reifegrad) angeboten. Als Fontal bezeichnet man industriell hergestellten Fontina, der natürlich dem Original nicht das Wasser reichen kann.

Gorgonzola
Der Klassiker aus der Lombardei mit über tausendjähriger Tradition. Früher wurde Gorgonzola zum Reifen in feuchten Höhlen gelagert, damit sich der zarte, blaue Schimmel bilden konnte. Heute wird dem Lab der Schimmelpilz Penicillinum glaucum hinzugefügt, um die typische Blauschimmelmaserung zu erzielen. Der exzellente Dessertkäse mischt auch kräftig in Pastasaucen, Polenta, Torta und auf Pizze mit.

Mascarpone
Seine Berühmtheit verdankt der Frischkäse von butterig-cremiger Konsistenz dem erfolgreichsten Dessert der 80er Jahre, dem Tiramisu. In Italien wird der durch Säuern und Erhitzen von Rahm innerhalb von 24 Stunden gewonnene Frischkäse zum Backen und für Saucen verwendet.

Mozzarella
Der absolute Star unter den italienischen Käsespezialitäten. Als Original, das aus Büffelmilch hergestellt wird, eine besondere und relativ rare Delikatesse, in der Kuhmilchabwandlung, die überall zu finden ist, ein Allerweltskäse. Mozzarella ist wie Provolone und Caciocavallo ein Brühkäse, bei dem der Käsebruch mit heißem Wasser verknetet wird, bis eine homogene Masse entsteht, die aufgrund ihres hohen Wassergehalts und ihrer Haltbarkeit einem Frischkäse ähnelt. Mozzarella wird zum Überbacken von Gemüse, Pizze und Nudelgerichten sowie frisch für Salat verwendet.

Parmesan
Der italienische Käsekönig wird je älter, desto härter und würziger. Bis zu fünf Jahren kann seine Reifezeit dauern. Der junge Parmesan mit einer Reifezeit von ein bis zwei Jahren ist weich und mild im Geschmack. Zum Reiben eignet sich Parmesan erst ab einer Reife von drei Jahren. Man sollte Parmesan nicht gerieben kaufen, sondern selbst reiben. Kenner behaupten, dass geriebener Parmesan in Plastiktüten nichts mit dem Original gemeinsam habe. Der körnige, salzige Hartkäse wird nicht nur über Pasta und Gemüse, wie zum Beispiel den beliebten Auberginenauflauf, gestreut, sondern auch in groben Stücken zum Aperitif gereicht. Dazu wird er mit einem speziellen Messer, dem Ago, zerbröckelt. Die Italiener sind so überzeugt von ihrem Käse Nummer eins, dass sie nur 5 Prozent der Produktion exportieren; der Rest wird im Inland verbraucht. Das Original aus Parma ist mit dem Echtheits- und Gütesiegel Parmigiano reggiano versehen.

Pecorino
Ein sehr populärer Hartkäse aus Schafsmilch, der sich ebenso wie der Parmesan zum Reiben eignet und wie dieser verwendet wird. Als beste Sorte gilt Pecorino aus Sardinien.

Provolone
Der aus dem Hinterland von Neapel stammende gebrühte Rohmilchkäse fällt in mancher Hinsicht aus der Rolle. Er wird wie der Caciocavallo zu seltsamen Gebilden geformt, häufig in Stricke eingebunden und geräuchert, was ihm einen pikanten Geschmack verleiht. Er eignet sich ebenfalls zum Reiben.

Ricotta
Der feine italienische Frischkäse kann äußerst vielseitig verwendet werden. Er wird aus der Restmolke bestimmter Käsesorten hergestellt, die ein zweites Mal erhitzt wird. Das ausflockende Eiweiß wird abgeschöpft und in Plastikbecher bzw. Körbchen abgefüllt.

Taleggio
Der halbfeste Schnittkäse aus der Bergamasker Gegend, im Norden des Landes, ist eine der bekanntesten italienischen Käsesorten im Ausland. Er reift nur kurz und sollte relativ rasch verzehrt werden.

Antipasti diversi

Vorspeisen und kleine Zwischengerichte können ohne weiteres eine Mahlzeit ersetzen. Wie wär's mit einem Burger auf römisch, Polentatalern oder feinem Parmesangebäck? Picknick und Party sind in jedem Fall gerettet!

Grissini con prosciutto crudo

Grissini mit Rohschinken

- 150 g dünn aufgeschnittener Parmaschinken oder Rohessspeck

Grissini
- 30 g Hefe
- 250 ml/2,5 dl lauwarmes Wasser
- 120 g Weißmehl
- 180 g Weizenvollkornmehl
- 40 g grober Hartweizengrieß
- 1 TL Meersalz
- 4 EL Olivenöl extra nativ

1.
Die Hefe im lauwarmen Wasser auflösen.

2.
Mehl, Grieß und Salz in einer Teigschüssel mischen, eine Vertiefung drücken. Das Hefewasser und das Öl hineingießen, zu einem Teig rühren. Den Teig auf der Arbeitsfläche mit den Händen kneten, bis er glatt und geschmeidig ist. In die Schüssel legen und diese mit einem feuchten Tuch bedecken. An einem warmen Ort 1 Stunde gehen lassen.

3.
Den Backofen auf 200 Grad vorheizen. Ein Backblech mit Backpapier belegen.

4.
Den Teig zu einem Rechteck von ca. 1 cm Dicke ausrollen, 1 cm breite Streifen schneiden, die Streifen vorsichtig rollen und auf das Blech legen. Nochmals 10 Minuten zugedeckt gehen lassen.

5.
Grissini im vorgeheizten Backofen bei 200 Grad auf mittlerem Einschub 15 bis 20 Minuten backen. Auskühlen lassen.

Anrichten
Grissini mit dem Parmaschinken oder dem Speck umwickeln.

Variante
Grissini vor dem zweiten Gehenlassen in Mohn- oder Sesamsamen wenden oder mit Kräutermeersalz bestreuen.

Salame con fichi freschi

Frische Feigen mit Salami

- 6 frische, vollreife Feigen
- 100 g fein aufgeschnittener italienischer Salami

1.
Den Stielansatz der Feigen wegschneiden, die Früchte längs vierteln. Jedes Feigenviertel mit einer Salamischeibe belegen. Oder einfach die Salamischeiben und die Feigenviertel auf einer Platte anrichten.

Tipp
Zu den klassischen Aperitifhäppchen zählen auch Oliven, Parmesanstückchen, Cherrytomaten, Pistazien und Mandeln.

Abbildung
hinten: Grissini mit Rohschinken
vorn: Frische Feigen mit Salami

Crostate di polenta ai funghi selvaggi

Bramataecken mit Waldpilzen

Polenta
- 1/2 l Wasser
- 1/2 l Milch
- 1 TL Meersalz
- 250 g grobkörniger Maisgrieß
- 1 Prise geriebene Muskatnuss
- schwarzer Pfeffer aus der Mühle
- 80 g Butter

Waldpilze
- 2 Schalotten
- 2 EL Olivenöl extra nativ
- 350 g gemischte Waldpilze, z.B. Steinpilze, Maronenröhrlinge, Champignons usw.
- 2 EL Butter
- Meersalz
- schwarzer Pfeffer aus der Mühle
- 1–2 EL Balsamessig

1.

Für die Polenta Wasser, Milch und Salz aufkochen, den Maisgrieß einlaufen lassen, unter häufigem Rühren 30 Minuten köcheln lassen. Mit Muskatnuss und Pfeffer würzen. Ganz am Schluss die Butter unterrühren. Die Polenta auf einem abgespülten Holzbrett 1 cm dick ausstreichen. Abkühlen lassen.

2.

Den Backofen auf 200 Grad vorheizen. Ein Backblech mit Backpapier belegen.

3.

Die Schalotten fein hacken. Das Öl in einer Gusseisenpfanne oder in einer anderen hitzebeständigen Pfanne erhitzen, die Schalotten darin glasig dünsten, aus der Pfanne nehmen und beiseite stellen.

4.

Die Pilze mit einem spitzen Küchenmesser reinigen, mit einem trockenen Tuch abreiben, in Scheiben schneiden. Die Schalottenpfanne aufheizen, die Pilze und die Butter gleichzeitig in die Pfanne geben, unter ständigem Rühren braten. Die Schalotten beifügen. Mit Salz und Pfeffer würzen. Mit dem Balsamessig abschmecken.

5.

Aus der Polenta Rhomben schneiden, auf das Blech legen. Im vorgeheizten Backofen bei 200 Grad 10 bis 15 Minuten backen. Das Pilzragout auf die Polentaecken verteilen.

Maisrondellen mit Trüffel

Für kleine Maisrondellen mit Trüffel eine kleine schwarze Trüffel fein raspeln und unter die gekochte Polenta rühren. Nach Belieben zusätzlich 50 g geriebenen Parmesan unterrühren. Auf einem Holzbrett ausstreichen und erkalten lassen. Rondellen ausstechen, das Förmchen immer wieder in kaltes Wasser tauchen. Die Rondellen auf das Blech legen. Im vorgeheizten Backofen bei 200 Grad 10 bis 15 Minuten backen. Eine zweite Trüffel in hauchdünne Scheiben hobeln und auf die Maisrondellen verteilen. Mit je einem Tropfen Trüffelöl abschmecken.

Maisrondellen mit Tomaten

Aus der erkalteten Polenta Rondellen ausstechen, das Förmchen immer wieder in kaltes Wasser tauchen. Die Rondellen auf das Blech legen. Cherrytomaten halbieren und in die Rondellen drücken. Im vorgeheizten Backofen bei 200 Grad 15 Minuten backen. Sehr hübsch sehen die Maistaler aus, wenn man sie nach dem Backen mit Basilikum garniert.

Panettini al pesto

Kräutermuffins

für ca. 12 Muffins

- 250 g feines Dinkelvollkornmehl, Kleie ausgesiebt
- 2 Prisen Vollrohrzucker
- 1 TL Meersalz
- 1 TL Backpulver
- 200 ml/2 dl Milch
- 2 Freilandeier
- 4 EL Olivenöl extra nativ
- 2 EL fein geschnittenes Basilikum
- 2 EL fein gehackte Petersilie
- 2 EL trocken geröstete Pinienkerne
- 2 EL geriebener Pecorinokäse
- 2 Knoblauchzehen
- 12 Cherrytomaten
- weißer Pfeffer aus der Mühle
- Basilikum, für die Garnitur

1.
Mehl, Zucker, Salz und Backpulver in einer Schüssel vermengen. Milch, Eier, Olivenöl, Kräuter, Pinienkerne, Käse und durchgepressten Knoblauch unterrühren.

2.
Die Cherrytomaten kurz in kochendes Wasser tauchen, dann schälen.

3.
Den Backofen auf 200 Grad vorheizen.

4.
Die Muffinblech(e) mit Öl einpinseln. Den Teig einfüllen. Oder den Teig in Papierförmchen füllen. Dazu am besten 3 Papierförmchen ineinander legen (für eine schöne Form). Je eine Cherrytomate in die Mitte setzen, leicht andrücken.

5.
Die Muffins im vorgeheizten Backofen bei 200 Grad 25 bis 30 Minuten backen.

Tipp
Die Muffins kann man auch ohne Tomaten wie kleine Brötchen backen. Die Backzeit verringert sich dann um einige Minuten. Zu den Muffins kann man italienischen Aufschnitt, Käse oder eingelegtes Gemüse (sott'olio) servieren.

Pane rustico al pomodoro

Rustikales Tomatenbrot

- 5–6 EL Olivenöl extra nativ
- 4–6 in Öl eingelegte getrocknete Tomaten
- 1 EL Olivenpaste nach Belieben, Seite 34
- 1 EL Tomatenmark
- 1 EL gehackte Rosmarinnadeln
- 1 EL getrockneter Majoran oder Oregano

- 2 EL trocken geröstete Pinienkerne

- 500 g feines Weizenvollkornmehl
- 1 1/2 TL Meersalz
- 1 EL Vollrohrzucker
- 1/2 Hefewürfel (ca. 20 g)
- 100 ml/1 dl lauwarmes Wasser
- 200 ml/2 dl lauwarme Milch

1.
Das Olivenöl in eine kleine Schüssel geben. Die Tomaten klein schneiden, zusammen mit der Olivenpaste, dem Tomatenmark, den gehackten Rosmarinnadeln und dem zwischen den Fingern zerriebenen Majoran zum Öl geben, vermengen.

2.
Mehl, Salz und Zucker in einer großen Teigschüssel mischen, eine Vertiefung drücken. Die Hefe im lauwarmen Wasser auflösen, in die Vertiefung gießen. 1 bis 2 Esslöffel Mehl unter die Flüssigkeit rühren. Den Vorteig 10 Minuten gehen lassen.

3.
Die Milch erwärmen, zum Vorteig geben. Das Ganze zu einem Teig rühren. Den Teig auf der Arbeitsfläche mit den Händen kneten, bis er glatt und geschmeidig ist. Den Teig in die Schüssel legen und diese mit einem feuchten Tuch bedecken. An einem warmen Ort auf das doppelte Volumen aufgehen lassen.

4.
Die Tomaten-Kräuter-Mischung und die Pinienkerne in den Teig einarbeiten. In 4 Portionen teilen, längliche Laibe formen. Die Brote auf ein gefettetes Backblech legen, nochmals 10 Minuten zugedeckt gehen lassen.

5.
Den Backofen auf 180 Grad vorheizen.

6.
Die Tomatenbrote im vorgeheizten Backofen bei 180 Grad 30 bis 35 Minuten backen. Etwas abkühlen lassen. Lauwarm servieren.

Involtini di vitello tonnato con mais/gran turco

Fleischröllchen mit Thunfischsauce

- 300 g Kalbs- oder Puten-/Truthahnbraten oder Puten-/Truthahnwurst, in feinen Scheiben
- 1 Glas Babymaiskolben
- 1 Bund Schnittlauch

Thunfischsauce
- 250 g Thunfisch aus der Dose
- 6 Sardellenfilets
- 2 EL in Essig eingelegte Kapern
- 2 Eigelbe von Freilandeiern
- 1 Freilandei
- 1 Prise Meersalz
- 250 ml/2,5 dl Olivenöl extra nativ
- 1 Zitrone, Saft
- 2 EL Milch

1.
Je einen Babymaiskolben in eine Fleisch- oder Wurstscheibe einrollen, mit einem Schnittlauchhalm zusammenbinden.

2.
Thunfisch, Sardellen und Kapern in einem Sieb gut abtropfen lassen, pürieren.

3.
Eigelb, Ei und Salz verquirlen. Olivenöl anfänglich unter kräftigem Rühren tropfenweise, dann esslöffelweise beigeben. Fischpüree, Zitronensaft und Milch unterrühren. Sauce in Schälchen füllen. Mit den Fleischröllchen servieren.

Tipp
Babymaiskolben durch Stauden-/Stangensellerie ersetzen.

Abbildung Seite 30

Sablés al parmigiano

Parmesan-Sablés

für ca. 40 Stück

- 150 g Dinkelweißmehl
- 1 Prise Meersalz
- 100 g kalte Butter
- 100 g geriebener Parmesan
- 2 EL kaltes Wasser
- 1 Eigelb zum Bestreichen
- 50 g entsteinte schwarze Oliven
- 1–2 EL in Salz eingelegte Kapern

1.
Das Mehl und das Salz in einer Schüssel mischen. Die Butter in Stückchen schneiden, mit dem Mehl krümelig reiben, den Parmesan untermischen. Das Wasser dazugeben, zu einem Teig zusammenfügen.

2.
Aus dem Teig eine Rolle von 4 cm Durchmesser formen, in Klarsichtfolie einwickeln. 30 Minuten in den Tiefkühler oder 2 Stunden in den Kühlschrank legen.

3.
Den Backofen auf 180 Grad vorheizen.

4.
Von der Teigrolle 5 mm dicke Scheiben schneiden, auf ein gefettetes Blech legen. Die Rondellen mit Eigelb bestreichen. Garnieren mit den in Ringe geschnittenen Oliven und den Kapern.

5.
Die Sablés im vorgeheizten Backofen bei 180 Grad 10 bis 12 Minuten backen.

Abbildung
hinten: Fleischröllchen mit Thunfischsauce
vorn: Parmesan-Sablés

Carciofi sott'olio di oliva

Artischocken in Olivenöl

- Wasser
- 2 Zitronen, Saft
- 2 kg junge, kleine violette Artischocken
- 250 ml/2,5 dl Olivenöl extra nativ
- wenig Wasser
- Meersalz
- schwarzer Pfeffer aus der Mühle
- 1 großer Bund glattblättrige Petersilie

1.
Eine große Schüssel mit Wasser füllen, den Zitronensaft dazugeben.

2.
Die Artischockenstiele bis auf 1 cm kürzen, die äußeren harten Blätter abbrechen, die Blattspitzen mit der Schere kürzen, die Artischocken sofort in das Zitronenwasser legen.

3.
Das Olivenöl in einem Topf erwärmen, die Artischocken hineingeben, mit Salz und Pfeffer würzen. Etwas Wasser angießen. Auf kleinem Feuer zugedeckt rund 10 Minuten köcheln lassen.

4.
Die Artischocken in eine Schale füllen, mit gehackter Petersilie bestreuen. Mit Zahnstochern servieren.

Tipp
Die nach diesem Rezept zubereiteten Artischocken eignen sich nicht für die Vorratshaltung, sie müssen innerhalb einer Woche verzehrt werden.

Polpetta romana

Romaburger

für 6 Burger

Burger
- ½ alte Semmel/Brötchen
- 3 EL Milch
- 1 kleine Zwiebel
- 1 Knoblauchzehe
- ½ entkernte rote Pfefferschote/ Peperoncino
- 2 EL gehackte schwarze Oliven
- 1 Bund Petersilie
- 1 Thymianzweiglein
- 2 Oreganozweiglein
- 4 Salbeiblätter
- 1 EL Olivenöl extra nativ
- 600 g Rinderhackfleisch
- 1 Freilandei
- Meersalz
- Cayennepfeffer
- Paprikapulver
- ein paar Spritzer Zitronensaft
- 2 EL Semmelbrösel/Paniermehl
- 2 EL Olivenöl extra nativ zum Braten

- 6 flache Brötchen (Buns)
- Ketschup
- 1 große Fleischtomate
- 1 Mozzarellakugel, 150 g
- 6 Sardellenfilets nach Belieben
- 1 EL in Essig eingelegte Kapern

1.
Für die Burger die Semmel mit der Milch beträufeln, 15 Minuten stehen lassen. Zwiebel, Knoblauchzehe, Pfefferschote und alle Kräuter fein hacken, in einem Esslöffel Olivenöl dünsten. Das Hackfleisch in eine Schüssel geben und mit einer Gabel lockern. Die Semmel mit den Fingern zerdrücken und zum Fleisch geben. Das Ei und die Kräutermischung unterrühren. Mit Salz, Cayennepfeffer und Paprika würzen und mit wenig Zitronensaft abschmecken. Die Masse in 6 Portionen teilen und Kugeln formen, in den Semmelbröseln wenden und flach drücken. Das Olivenöl in einer Bratpfanne erhitzen, die Burger auf mittlerem Feuer beidseitig langsam braten.

2.
Den Backofen auf 250 Grad vorheizen.

3.
Die Tomate in 6 Scheiben schneiden, den Stielansatz entfernen. Die Burger mit den Tomaten belegen. Den Mozzarella in sechs Scheiben schneiden und darauf legen. Jeweils zwei Sardellenfilets kreuzweise darüber legen.

4.
Die Burger auf ein Backblech legen. Im vorgeheizten Backofen bei 250 Grad ein paar Minuten grillen, bis der Käse geschmolzen ist.

5.
Die Brötchen einmal durchschneiden, die Schnittflächen im Ofen kurz rösten. Mit Ketschup bestreichen, mit dem Burger und den Kapern füllen.

Tipp
Die Sardellen können weggelassen werden, dann aber die Tomatenscheiben noch etwas salzen und pfeffern. Die Buns können auch aus Focaccia-Teig, Seite 68, gebacken werden.

Crostini Bruschette und Co.

Lust auf warme Brötchen mit pikantem Belag? Soviel ist sicher: Crostini und Bruschette, in Olivenöl geröstet, mit Gemüse, Pilzen, Tomaten, Olivenpaste, Rucola ... belegt, gehen weg wie warme Brötchen. Auch auf Panini, Tramezzini oder gefüllter Ciabatta bleibt niemand sitzen. Garantiert – weil einfach gut!

Crostini alla crema di tonno

Crostini mit Thunfischpaste

- 1 Dose rosa Thunfisch (200 g)
- 2 EL in Essig eingelegte Kapern
- 3 Sardellenfilets oder 1 EL Sardellenpaste
- 100 g entsteinte schwarze Oliven
- Olivenöl extra nativ
- 1/2 roter Gemüsepaprika/Peperoni oder einige Radieschen für die Garnitur

- 1 Baguette, 250 g

1.
Den Thunfisch in einem Sieb abtropfen lassen. Thunfisch, Kapern, Sardellenfilets und Oliven nicht zu fein pürieren. So viel Olivenöl unterrühren, bis die Paste von cremiger Konsistenz ist.

2.
Den Backofen auf 250 Grad vorheizen.

3.
Baguette diagonal in Scheiben schneiden. Im vorgeheizten Backofen rösten.

4.
Die Thunfischpaste auf das geröstete Brot streichen. Mit feinen Paprikastreifen oder Radieschenscheiben garnieren.

Crema di olive per crostini

Olivenpaste für Crostini

- 2 EL Kapern
- 300 g entsteinte schwarze Oliven
- 5 Sardellenfilets
- 3 Knoblauchzehen
- 5 EL Olivenöl extra nativ
- schwarzer Pfeffer aus der Mühle
- etwas Zitronensaft

1.
Die Kapern 10 Minuten wässern, dann abgießen.

2.
Kapern, Oliven, Sardellen und Knoblauchzehen im Cutter hacken oder nicht zu fein pürieren. Das Olivenöl tropfenweise unterrühren, bis eine Paste entstanden ist. Mit schwarzem Pfeffer würzen und wenig Zitronensaft abschmecken.

Tipp
Die Olivenpaste kann in einem Glas mit Schraubverschluss im Kühlschrank einige Tage aufbewahrt werden. Olivenpasten gibt es auch als Fertigprodukt.

Abbildung
hinten links: Crostini mit Hühnerleber (Seite 50) und Bohnen-Tomaten-Gemüse (Seite 86)
Mitte links: Crostini mit Olivenpaste
vorn: Tomaten-Bruschette (Seite 36)
hinten rechts: Bruschette mit Gemüsepaprika und Tomaten

Bruschette ai peperoni e pomodoro

Bruschette mit Gemüsepaprika und Tomaten

- je 1 roter und gelber Gemüsepaprika/Peperoni
- 3 Tomaten
- 1 EL Balsamessig
- 1–2 EL Olivenöl extra nativ
- Meersalz
- schwarzer Pfeffer aus der Mühle
- 1 Zweiglein Thymian

- 6–8 Scheiben Ruch-/Schwarzbrot
- 1 große Knoblauchzehe nach Belieben

1.
Die Paprikaschoten in eine ofenfeste Form geben, wenig Wasser dazugießen. Im vorgeheizten Backofen bei 200 Grad mindestens 30 Minuten garen, bis die Haut braun ist und Blasen wirft. Etwas abkühlen lassen, dann die Haut abziehen. Die Schoten vierteln, den Stielansatz und die Kerne entfernen.

2.
Die Tomaten an der Spitze kreuzweise einschneiden, in einem Schaumlöffel in kochendes Wasser tauchen, bis sich die Haut zu lösen beginnt. Die Früchte schälen, den Stielansatz kreisförmig herausschneiden, dicke Scheiben schneiden.

3.
Die Tomatenscheiben und die Paprikaviertel in eine Schüssel legen. Mit dem Essig und dem Öl beträufeln, mit Salz und Pfeffer würzen. Thymianblättchen darüber streuen. Ein paar Stunden zugedeckt marinieren.

4.
Den Backofen auf 250 Grad vorheizen.

5.
Die Brotscheiben mit der Paprikamarinade beträufeln Mit wenig durchgepresstem Knoblauch einreiben. Im vorgeheizten Backofen rösten.

6.
Die Bruschette mit einer Tomatenscheibe und einem Paprikaviertel belegen.

Abbildung Seite 35

Bruschette al pomodore

Tomaten-Bruschette

- 4 mittelgroße Fleischtomaten
- 1/2 TL Meersalz
- 2 EL Olivenöl extra nativ
- schwarzer Pfeffer aus der Mühle
- einige Basilikumblätter

- 250 g Bauernbrot oder Schwarz-/Ruchbrot
- 1–2 EL Olivenöl extra nativ
- 1 Knoblauchzehe nach Belieben

1.
Die Tomaten an der Spitze kreuzweise einschneiden, in einem Schaumlöffel in kochendes Wasser tauchen, bis sich die Haut zu lösen beginnt. Die Tomaten schälen, den Stielansatz entfernen, die Früchte klein würfeln. Das Tomatenhack in ein Chromstahlsieb geben, das man in eine Schüssel stellt. Das Salz untermischen. Die Tomaten von Hand pressen, bis sie die Konsistenz eines Pürees haben (den Saft anderweitig verwen-

den, z. B. für eine Suppe, für ein Reisgericht usw.). Das Tomatenhack in eine Schüssel geben, das Olivenöl unterrühren. Mit Pfeffer würzen. Das fein geschnittene Basilikum unterrühren.

2.

Den Backofen auf 250 Grad vorheizen.

3.

Das Brot in nicht zu dünne Scheiben schneiden, halbieren. Mit wenig Olivenöl bestreichen. Im vorgeheizten Backofen rösten. Nach Belieben mit einer halbierten Knoblauchzehe einreiben. Die Tomaten darauf verteilen.

Tipp

Für Bruschette caprese hauchdünne Mozzarellascheiben auf die Tomaten legen. Mit wenig Olivenöl beträufeln, mit Basilikum garnieren.

Abbildung Seite 35

Crostini al forno all'erbe e pomodoro

Crostini mit Tomaten-Kräuter-Hack

- 1 Hand voll Basilikumblätter
- 3–4 EL Olivenöl extra nativ
- 6 mittelgroße Fleischtomaten
- 1 TL grobes Meersalz
- 1–2 Knoblauchzehen
- 4 Zweiglein glattblättrige Petersilie
- 1 Zweiglein Oregano
- weißer Pfeffer aus der Mühle
- 1 Spritzer Tabascosauce

- 1 Baguette, 250 g
- 50 g geriebener Parmesan
- 2 EL Pinienkerne

1.

Die Basilikumblätter in Streifen schneiden, in einer Tasse mit dem Olivenöl beträufeln. Bei Zimmertemperatur 1 Stunde stehen lassen.

2.

Die Tomaten an der Spitze kreuzweise einschneiden, in einem Schaumlöffel in kochendes Wasser tauchen, bis sich die Haut zu lösen beginnt. Die Tomaten schälen, den Stielansatz entfernen, die Früchte klein würfeln. Das Tomatenhack in ein Chromstahlsieb geben, das man in eine Schüssel stellt. Das Salz untermischen und die Tomaten von Hand auspressen, bis sie die Konsistenz eines Pürees haben (den Saft anderweitig verwenden).

3.

Das Tomatenhack und das Basilikum mit dem Olivenöl in einer Schüssel verrühren. Den Knoblauch dazupressen, die Petersilie und den Oregano fein hacken, untermischen. Mit Pfeffer und Tabascosauce abschmecken.

4.

Den Backofen auf 250 Grad vorheizen.

5.

Baguette in dünne Scheiben schneiden, mit Olivenöl beträufeln. Im vorgeheizten Backofen rösten.

6.

1 EL Tomatenhack auf jede Brotscheibe verteilen. Den Parmesan und die Pinienkerne darüber streuen. Im Backofen kurz backen, bis der Käse geschmolzen ist.

Tipp

Den aufgefangenen Tomatensaft kann man pur trinken; er kann auch für eine Bloody Mary verwendet werden.

Crostini con crema di olive e pancetta

Crostini mit Olivenpaste und Pancetta

- Olivenpaste, Seite 34
- 8–12 Scheiben fein aufgeschnittene Pancetta (Speck)

- 1 Baguette, 250 g

1.
Den Backofen auf 250 Grad vorheizen.

2.
Die Speckscheiben ohne Fett in einer Bratpfanne knusprig braten.

3.
Baguette diagonal in Scheiben schneiden. Im vorgeheizten Backofen bei 250 Grad rösten.

4.
Crostini mit Olivenpaste bestreichen, mit einer gebratenen Speckscheibe belegen.

Variante
Anstelle von Speck/Pancetta kann man auch Parmaschinken verwenden. Mit einem Basilikumblatt und Parmesan garnieren.

Abbildung
Crostini mit Olivenpaste und Pancetta
Crostini mit Olivenpaste und Mortadella

Crostini con crema di olive e mortadella

Crostini mit Olivenpaste und Mortadella

- Olivenpaste, Seite 34
- 200 g fein aufgeschnittene Mortadella
- entsteinte Oliven
- marinierter Bleichsellerie oder eingelegte Artischocken für die Garnitur

- 1 Baguette, 250 g

1.
Den Backofen auf 250 Grad vorheizen.

2.
Baguette diagonal in Scheiben schneiden. Mit der Olivenpaste bestreichen.

3.
Die Brotscheiben im vorgeheizten Backofen bei 250 Grad rösten.

4.
Crostini mit Mortadella belegen, garnieren mit Olivenscheiben, Artischockenstreifen oder Bleichselleriescheiben.

Variante
2 Stangen Bleichsellerie in feine Scheiben schneiden. Eine Marinade rühren aus 3 EL Olivenöl extra nativ, 1 TL Senf und 1–2 EL Zitronensaft, mit dem Sellerie vermengen, 1 Stunde marinieren. Mit Salz und Pfeffer würzen.

Panini alla bresaola e rucola

Panini mit Bresaola, Rucola und Tomaten

- 4 Panini oder Minibaguettes
- 150 g fein aufgeschnittene Bresaola
- 2–3 feste Tomaten
- 50 g gehobelter Parmesan

Vinaigrette
- 3–4 EL Olivenöl extra nativ
- 1 EL weißer Balsamessig
- Kräutermeersalz
- weißer Pfeffer aus der Mühle
- 2 Schalotten
- 80–100 g Rucola

1.
Olivenöl und Balsamessig verrühren. Mit Salz und Pfeffer würzen. Die Schalotten in feine Scheiben schneiden, die Rucola klein schneiden, mit der Marinade vermengen.

2.
Den Backofen auf 200 Grad vorheizen.

3.
Panini der Länge nach aufschneiden. Den Boden mit der Hälfte der Vinaigrette bedecken. Bresaola darauf legen. Mit Pfeffer würzen. Die Tomaten in feine Scheiben schneiden, auf das Fleisch legen. Den Parmesan darüber verteilen. Abschließend mit der Vinaigrette nochmals beträufeln. Den Brotdeckel auflegen.

4.
Panini im vorgeheizten Backofen bei 200 Grad kurz erwärmen.

Tipp
Der weiße Balsamessig kann durch Zitronensaft ersetzt werden.

Panini al pesto con prosciutto e brie

Panini mit Pesto, Parmaschinken und Brie

- 4 Panini
- 4 EL Pestosauce, Seite 90
- 100 g fein aufgeschnittener Parmaschinken
- 100 g Brie oder reifer Taleggio
- 8 Walnuss-/Baumnusskernhälften

1.
Den Backofen auf 200 Grad vorheizen.

2.
Panini der Länge nach durchschneiden. Die Schnittflächen mit Pesto bestreichen. Den Parmaschinken darauf legen. Den Käse in Scheiben schneiden, auf den Schinken legen. Die Walnusskerne halbieren und in den Käse drücken. Den Brotdeckel auflegen.

3.
Panini bei 200 Grad in den vorgeheizten Backofen schieben, backen, bis der Käse geschmolzen ist.

Panini con olive e prosciutto
Pesto durch Olivenpaste, Seite 34, ersetzen. Die Walnüsse durch schwarze Oliven ersetzen.

Abbildung
Panini mit Bresaola, Rucola und Tomaten

Ciabatta con verdure marinate

Ciabatta mit Gemüse gefüllt und Ricotta-Schnittlauch-Sauce

- 4 Ciabatte
- 4 große grüne Salatblätter

- 1 Aubergine
- 1 Zucchino
- je 1 roter und gelber Gemüse-paprika/Peperoni
- Olivenöl extra nativ zum Braten
- Meersalz
- schwarzer Pfeffer aus der Mühle
- 1–2 EL Balsamessig

- 2 Zweiglein Pfefferminze

- Ricotta-Schnittlauch-Sauce, Seite 85

1.
Die Aubergine und den Zucchino beidseitig kappen, zuerst quer halbieren. dann längs in feine Scheiben schneiden. Beim Gemüsepaprika den Stielansatz entfernen, die Früchte achteln und entkernen.

2.
Etwa 4 EL Olivenöl in einer Pfanne erhitzen, das Gemüse darin unter mehrmaligem Wenden braten. Den Balsamessig angießen. Mit Salz und Pfeffer würzen. Etwas abkühlen lassen.

3.
Ciabatte im vorgeheizten Backofen bei 200 Grad aufwärmen. Einseitig aufschneiden, je 1 Salatblatt einlegen. Das Gemüse und die Pfefferminze zusammen mit 1 bis 2 EL Sauce einfüllen, sofort servieren.

Mozzarella in Carozza

Gebratene Mozzarella-Toasts

- 8 Scheiben Toastbrot
- 1 Mozzarellakugel, 150 g
- 2 Freilandeier
- 2 EL Milch
- Meersalz
- Pfeffer aus der Mühle
- 1/2 EL getrockneter Oregano
- 2 EL Mehl oder Semmelbrösel/ Paniermehl

- Olivenöl extra nativ zum Braten

1.
Die Brotscheiben entrinden. Den Mozzarella in 4 dicke Scheiben schneiden und jeweils zwischen zwei Brotscheiben legen. Die Toasts an den Rändern in kaltes Wasser tauchen, damit man sie besser an den Käse drücken kann.

2
Die Eier und die Milch verquirlen, mit Salz und Pfeffer würzen. Den Oregano zwischen den Fingern dazureiben.

3.
In einer weiten Bratpfanne einige EL Öl erhitzen. Die Mozzarellabrote zuerst im Mehl, dann im Ei wenden, bei mittlerer Temperatur beidseitig goldbraun braten. Heiß servieren.

Variante
Für Pandorato zusätzlich eine Scheibe Rohschinken einlegen.

Abbildung
Ciabatta mit Gemüse gefüllt

Bruschette con melanzane e peperoni

Bruschette mit Auberginen und Gemüsepaprika

- 3 kleine Auberginen
- 1 großer roter Gemüsepaprika/ Peperoni
- Olivenöl extra nativ zum Braten
- Kräutermeersalz
- Pfeffer aus der Mühle
- Balsamessig

- 10 Scheiben Bauernbrot oder Schwarz-/Ruchbrot
- 2 Knoblauchzehen nach Belieben

- wenig Zitronensaft
- 1 EL geröstete Sesamsamen nach Belieben
- 1 Zweiglein Pfefferminze

1.
Die Auberginen zuerst beidseitig kappen, dann quer in Scheiben schneiden. Den Gemüsepaprika halbieren, den Stielansatz und die Kerne entfernen, quer in feine Streifen schneiden. Auberginenscheiben und Paprikastreifen im Olivenöl braten. Mit Kräutersalz und Pfeffer würzen. Mit Balsamessig beträufeln. Zugedeckt 1 Stunde ziehen lassen.

2.
Den Backofen auf 250 Grad vorheizen.

3.
Die Brotscheiben nach Belieben halbieren. Im vorgeheizten Backofen rösten. Mit durchgepresstem Knoblauch einreiben. Das Gemüse darauf verteilen, mit Zitronensaft beträufeln. Sesamsamen darüber streuen. Mit einem Pfefferminzblatt garnieren.

Tipp
Statt Pfefferminze kann man auch Basilikum, Oregano, Thymian oder Petersilie verwenden. Das Gemüse schmeckt auch kalt auf warmen Bruschette gut.

Crostini di rafano e mandorle alla Felix

Crostini mit Mandel-Meerrettich-Paste

- 50 g geschälte Mandeln
- 80 g Meerrettich (50 g geriebener Meerrettich)
- 2 EL Olivenöl extra nativ

- 6–8 Scheiben Weißbrot
- weiche Butter
- Meersalz
- Thymian oder glattblättrige Petersilie

1.
Den Backofen auf 250 Grad vorheizen.

2.
Die Mandeln im Mörser grob zerstossen oder im Cutter grob hacken. Den Meerrettich putzen und mit der Bircher-Rohkostreibe direkt zu den Mandeln reiben, das Olivenöl unterrühren.

3.
Die Brotscheiben halbieren, mit der Butter bestreichen, leicht salzen. Im vorgeheizten Backofen bei 250 Grad rösten.

4.
Crostini mit der Mandel-Meerrettich-Paste bestreichen. Mit den Kräutern garnieren.

Tipp
Ideal zum Aperitif.

Bruschette con prosciutto crudo e funghi

Bruschette mit Rohschinken und eingelegten Pilzen

Eingelegte Pilze
- 3–4 EL Olivenöl extra nativ
- 1/2 Zitrone, Saft
- 1 EL Balsamessig
- 2–3 EL gehackte glattblättrige Petersilie
- 1/2 EL gehackter Oregano
- Kräutermeersalz
- schwarzer Pfeffer aus der Mühle
- 150 g Champignons
- 4 Knoblauchzehen

- 12 Scheiben Ruch-/Schwarzbrot
- 200 g fein aufgeschnittener Rohschinken
- 1 Hand voll Rucola

1.
Für die Pilzmarinade Olivenöl, Zitronensaft und Balsamessig verrühren, die Kräuter unterrühren, mit Salz und Pfeffer würzen. Die Champignons und die Knoblauchzehen putzen und in hauchdünne Scheiben schneiden, mit der Marinade vermengen. Einige Stunden ziehen lassen.

2.
Den Backofen auf 250 Grad vorheizen.

3.
Die Brotscheiben halbieren, mit wenig Pilzmarinade beträufeln. Im vorgeheizten Backofen bei 250 Grad rösten.

4.
Auf jede Brotscheibe eine Scheibe Rohschinken legen, 1 EL Pilze darauf verteilen. Mit Rucola garnieren.

Bruschette con funghi fritti

Bruschette mit gebratenen Pilzen

- 300 g Champignons
- Meersalz
- schwarzer Pfeffer aus der Mühle
- 2 EL Olivenöl extra nativ
- 2 mittelgroße Knoblauchzehen
- 1 EL Tomatenmark
- 4 EL kräftiger Rotwein
- 3 Nelken
- 1 Prise Safranpulver
- 3 Zweiglein Thymian
- 3 Zweiglein glattblättrige Petersilie

- 10 Scheiben Weißbrot oder Focaccia

1.
Die Champignons putzen, je nach Größe halbieren ode vierteln, in eine Gratinform verteilen, mit Salz und Pfeffer würzen, 1 EL Öl darüber träufeln. Im vorgeheizten Backofen bei 200 Grad 30 Minuten grillen.

2.
Die Knoblauchzehen in feine Scheiben schneiden, im restlichen Öl dünsten. Das Tomatenmark und den Rotwein unterrühren, die Gewürze und die Kräuter dazugeben. Die gegrillten Pilze beigeben und vermengen.

3.
Die Brotscheiben halbieren, im vorgeheizten Backofen bei 250 Grad rösten.

4.
Die Pilze auf die Brotscheiben verteilen oder in ein einseitig aufgeschnittenes Fladenbrot füllen. Warm oder kalt servieren.

Tramezzini con baccalà

Tramezzini mit Stockfischsalat

- 4 EL Kichererbsen
- 500 g in Salz eingelegten oder getrockneten Stockfisch
- 2 Zwiebeln
- 4 Knoblauchzehen
- 2 Lorbeerblätter
- 200 ml/2 dl Milch
- 200 ml/2 dl Olivenöl extra nativ
- weißer Pfeffer aus der Mühle
- Zitronensaft
- 3 EL fein gehackte Petersilie
- 1 große Zwiebel
- Meersalz nach Bedarf

- 12 Scheiben Toastbrot
- 1 Knoblauchzehe

1.
Den gesalzenen Stockfisch einen Tag in kaltem Wasser einlegen. Das Wasser mehrmals wechseln.

2.
Den getrockneten Stockfisch 2 bis 3 Tage in kaltem Wasser einlegen. Das Wasser täglich 2 Mal wechseln.

3.
Die Kichererbsen über Nacht in reichlich Wasser einweichen, das Wasser anderntags weggießen. Die Erbsen mit frischem Wasser aufsetzen, während rund 45 Minuten weichkochen, abgießen und erkalten lassen. Mit einer Gabel zerdrücken.

4.
Den Fisch in 2 bis 3 Stücke teilen, in einen Kochtopf legen und mit Wasser bedecken. Geviertelte Zwiebeln, halbierte Knoblauchzehen und Lorbeerblätter dazugeben, aufkochen und 10 Minuten bei mittlerer Temperatur ziehen lassen. Den Fisch aus dem Sud nehmen und erkalten lassen.

5.
Den Stockfisch filetieren, die Haut abziehen und die Gräte entfernen. Den Fisch in eine Rührschüssel geben, grob zerpflücken. Die Milch und das Olivenöl erhitzen, zum Fisch geben, gut vermengen. 1 Knoblauchzehe dazupressen. Mit Zitronensaft und Pfeffer abschmecken. Nach Belieben mit Salz würzen. Kichererbsen, Petersilie und die in feine Scheiben geschnittene Zwiebel untermischen.

6.
Die Brotscheiben entrinden, diagonal halbieren und im vorgeheizten Backofen bei 250 Grad rösten. Die Knoblauchzehe halbieren, die Toasts damit einreiben. Das Fischpüree darauf ausstreichen.

Tipp
Stockfischgerichte sind in den Mittelmeerländern weit verbreitet und sehr beliebt, jedoch in der Zubereitung eher aufwendig. Wer die Mühe scheut, sollte Baccalà besser in einem guten italienischen Restaurant ausprobieren.

Tramezzini con Trota marinata

Tramezzini mit marinierten Lachsforellen

- 500 g Lachsforellenfilets

Marinade
- 4 EL Olivenöl extra nativ
- 2 unbehandelte Zitronen
- 1 TL flüssiger Honig
- 1 EL fein geriebener Meerrettich
- 2 EL fein gehackte glattblättrige Petersilie
- 20 eingelegte rosa Pfefferbeeren
- Kräutermeersalz
- Pfeffer aus der Mühle

- 8 Scheiben Toastbrot

- 2 Zweiglein Dill
- 1/2 Zitrone für die Garnitur

1.
Die Schale einer Zitrone in eine Schüssel reiben, beide Zitronen auspressen und den Saft zu den Zitronenschalen geben. Olivenöl und Honig unterrühren. Meerrettich, Petersilie und Pfefferbeeren dazugeben. Mit Salz und Pfeffer würzen.

2.
Die Forellenfilets in der Marinade mindestens 3 Stunden ziehen lassen. Dabei Immer wieder mit der Marinade beträufeln.

3.
Das Brot entrinden und diagonal halbieren, im vorgeheizten Backofen bei 250 Grad rösten.

4.
Toasts mit den Forellenfilets belegen. Mit Zitronenecken und Dill garnieren.

Tramezzini ai funghi

Tramezzini mit Austernpilzen

- 300 g Austernpilze
- 1–2 EL Olivenöl extra nativ
- Meersalz
- schwarzer Pfeffer aus der Mühle

Marinade
- 3 EL Himbeeressig
- 1 TL flüssiger Honig
- 3 EL Olivenöl extra nativ
- 1 Knoblauchzehe
- 1/2 Bund glattblättrige Petersilie
- 1 TL rosa Pfefferbeeren

- 6 Scheiben Toastbrot

1.
Die Pilze mit einem trockenen Tuch abreiben und in mundgerechte Stücke schneiden. 2 EL Öl in einer Bratpfanne erhitzen, die Pilze darin kräftig anbraten. Mit Salz und Pfeffer würzen.

2.
Für die Marinade Essig, Honig und Öl gut verrühren, die Knoblauchzehe dazupressen. Die Petersilie fein hacken, zusammen mit den Pfefferbeeren zur Marinade geben.

3.
Die Vinaigrette mit den Pilzen vermengen, 1 Stunde marinieren.

4.
Das Brot entrinden, diagonal halbieren und im vorgeheizten Backofen bei 250 Grad rösten.

5.
Die Pilze auf die Toastscheiben verteilen. Mit wenig Salz und Pfeffer abschmecken.

Abbildung

Crostini alla crema di fegatini di pollo

Crostini mit Hühnerleber

- 1 Zwiebel
- 1 Stängel Stauden-/Stangensellerie
- 1 Möhre/Karotte
- 2 EL Olivenöl extra nativ
- 2 EL Butter
- 300 g Hühnerleber
- 6 fein gehackte Salbeiblätter
- 100 ml/1 dl Rotwein
- 2 EL Tomatenmark
- Meersalz
- Pfeffer aus der Mühle
- 1/2 unbehandelte Zitrone
- 2 EL fein gehackte Petersilie

- 10 Scheiben Weißbrot

- Salbeiblätter für die Garnitur
- entsteinte schwarze Oliven oder Cherrytomaten für die Garnitur

1.
Den Backofen auf 250 Grad vorheizen.

2.
Zwiebel, Sellerie und Möhre putzen und klein würfeln.

3.
Die Butter und das Öl in einer Bratpfanne erhitzen, das Gemüse darin dünsten. Die Hühnerleber und den Salbei beigeben, bei hoher Temperatur kurz braten. Den Rotwein angießen. Das Tomatenmark unterrühren, 8 Minuten garen. Die Leber herausnehmen und fein hacken. Wieder zum Gemüse geben. Mit Salz und Pfeffer würzen. Abschmecken mit etwas abgeriebener Zitronenschale. Die Petersilie unterrühren.

4.
Die Brotscheiben im vorgeheizten Backofen bei 250 Grad rösten.

5.
Die Hühnerlebermasse auf die Crostini verteilen. Mit Salbeiblättern und halbierten Oliven oder Cherrytomaten garnieren.

Zum Rezept

In der Toskana werden diese beliebten Crostini meist mit pürierter kalter Hühnerleberpaste serviert. Püriert ist die Leberpaste im Kühlschrank einige Tage haltbar. Manche Köche würzen (salzen) die Paste mit 4 Sardellenfilets und 1 EL fein gehackten Kapern.

Abbildung
vorn: Crostini mit Hühnerleber
hinten: Bruschette mit gebratenen Steinpilzen (Seite 52)

Bruschette di porcini freschi

Bruschette mit gebratenen Steinpilzen

- 500 g frische Steinpilze
- 60 g Butter
- 1 Knoblauchzehe
- 4 Salbeiblätter
- 2 EL Vinsanto oder süßlicher Weißwein
- Meersalz
- schwarzer Pfeffer aus der Mühle

- glattblättrige Petersilie für die Garnitur

- 8 Scheiben Bauernbrot

1.
Die Steinpilze mit einem spitzen Küchenmesser reinigen und einem trockenen Tuch abreiben, nach Möglichkeit nicht waschen. Die Pilze in feine Scheiben schneiden. Die Salbeiblätter hacken.

2.
Den Backofen auf 250 Grad vorheizen.

3.
Die Butter in einer Bratpfanne erhitzen, Salbei und durchgepressten Knoblauch darin dünsten. Die Steinpilze dazugeben und bei hoher Temperatur braten. Den Wein angießen. Mit Salz und Pfeffer würzen. Die Flüssigkeit fast vollständig verdunsten lassen.

4.
Die Brotscheiben nach Belieben halbieren. Im vorgeheizten Backofen bei 250 Grad rösten.

5.
Die Pilze auf die Brotscheiben verteilen. Mit der Petersilie garnieren.

Tipp:
Sehr fein schmecken die Steinpilze auch auf einem Beet aus Rucolasalat. Dazu nimmt man allerdings besser Messer und Gabel.

Abbildung Seite 51

Crostini di finocchi alla Felix

Fenchelcrostini

- ca. 250 g zarter, junger Fenchel
- 1 EL Butter
- einige Safranfäden
- 1 EL trockener Weißwein
- ein paar Tropfen Pernod
- Meersalz
- schwarzer Pfeffer aus der Mühle
- 1–2 EL geriebener Pecorino

- 2 Baguettes zum Aufbacken

1.
Den Backofen auf 250 Grad vorheizen.

2.
Den Fenchel putzen und sehr klein würfeln (Brunoise). Fenchelwürfelchen in der Butter dünsten, Safranfäden, Weißwein und Pernod unterrühren, knackig dünsten. Mit Salz und Pfeffer abschmekken.

3.
Die ungebackenen Baguettes in Scheiben schneiden, die Fenchelmasse darauf verteilen. Pecorino darüber streuen.

4.
Crostini im vorgeheizten Backofen bei 250 Grad 2 bis 3 Minuten überbacken.

Pizzette Tortini Focaccini Sfogliatini

Für jede Gelegenheit etwas Heißes aus dem Ofen, dem wirklich niemand widerstehen kann: Nicht umsonst hat die neapolitanische Pizza Weltruf erlangt! Scharfe Konkurrenz machen ihr pikantes Gebäck aus Blätterteig, knusprige Focacche ...

Pizza-Grundteig 1

Der luftige Teig

für 4 Pizze

- 1 Hefewürfel (42 g)
- ca. 1/3 l (330 ml/3,3 dl) lauwarmes Wasser
- 500 g Halbweißmehl
- 1 TL Meersalz

1.
Die Hefe im lauwarmen Wasser auflösen.

2.
Das Mehl und das Salz in einer großen Teigschüssel mischen, eine Vertiefung drücken. Das Hefewasser hineingießen, zu einem Teig rühren. Den Teig auf der Arbeitsfläche mit den Händen kneten, bis er glatt und geschmeidig ist.

3.
Den Teig in die Schüssel legen, mit einem feuchten Tuch bedecken. An einem warmen Ort auf das doppelte Volumen aufgehen lassen.

4.
Den Teig nochmals kurz kneten und weiterverarbeiten.

Pizza-Grundteig 2

Der knusprige Teig

für 4 Pizze

- 1/2 Hefewürfel (ca. 20 g)
- 200 ml/2 dl lauwarmes Wasser
- 500 g Halbweißmehl
- 1 TL Meersalz
- 3 EL Olivenöl extra nativ
- 1/2 TL Puderzucker

1.
Die Hefe im lauwarmen Wasser auflösen.

2.
Mehl, Salz und Puderzucker in einer großen Teigschüssel mischen, eine Vertiefung drücken. Das Hefewasser hineingießen, das Öl dazugeben, zu einem Teig rühren. Den Teig auf der Arbeitsfläche mit den Händen kneten, bis er glatt und geschmeidig ist.

3.
Den Teig in die Schüssel legen, diese mit einem feuchten Tuch bedecken. An einem warmen Ort auf das doppelte Volumen aufgehen lassen.

4.
Den Teig nochmals kurz kneten und weiterverarbeiten.

Dinkel-Pizzateig

Der vollwertige Teig

für 4 Pizze

- 1/2 Hefewürfel (ca. 20 g)
- 200 ml/2 dl lauwarmes Wasser
- 400 g feines Dinkelvollkornmehl
- 1 TL Meersalz
- 3–4 EL Olivenöl extra nativ

1.
Die Hefe im lauwarmen Wasser auflösen.

2
Das Mehl in eine große Schüssel sieben (die Kleie anderweitig verwenden). Das Salz untermischen. Eine Vertiefung drücken. Das Hefewasser hineingießen, etwa 1 EL Mehl unterrühren. Die Schüssel mit einem feuchten Tuch bedecken und den Vorteig an einem warmen Ort 30 Minuten gehen lassen.

3.
Das Öl zum Vorteig geben, das Ganze zu einem Teig rühren. Den Teig auf der Arbeitsfläche kneten, bis er glatt und geschmeidig ist.

4.
Den Teig in die Schüssel legen, mit einem feuchten Tuch bedecken. An einem warmen Ort auf das doppelte Volumen aufgehen lassen.

5.
Den Teig nochmals kurz kneten, nach Belieben portionieren und 2 mm dick ausrollen.

6.
Pizze im vorgeheizten Backofen bei 220 Grad 6 Minuten vorbacken. Dann nach Belieben belegen und weitere 20 Minuten bei gleicher Temperatur backen.

Enzas Pizzateig

Der sizilianische Teig

für 4 Pizze

- 1/2 Hefewürfel (ca. 20 g)
- 500 g Weißmehl
- 1 TL Meersalz
- 220–250 ml/2,2–2,5 dl lauwarmes Wasser
- 1/2–1 EL Olivenöl extra nativ

1.
Die Hefe im lauwarmen Wasser auflösen.

2.
Das Mehl und das Salz in einer großen Schüssel mischen, eine Vertiefung drücken. Das Hefewasser hineingießen, zu einem Teig rühren. Den Teig auf der Arbeitsfläche mit den Händen kneten, bis er glatt und geschmeidig ist. Das Olivenöl auf die Hände geben und den Teig zu einer Kugel formen.

3.
Den Teig in die Schüssel legen, diese mit einem feuchten Tuch bedecken. An einem warmen Ort auf das doppelte Volumen aufgehen lassen.

4.
Den Teig nochmals kurz kneten und weiterverarbeiten.

Pizzette margherita

Pizza Margherita

für 16 Minipizze

- 1 Pizza-Grundteig 2, Seite 54
- $^{1}/_{2}$ l Tomatenauce, Seite 76
- 400 g Mozzarella
- Meersalz
- 3–4 EL Olivenöl extra nativ
- schwarzer Pfeffer aus der Mühle
- 1 Bund Basilikum

1.
Den Backofen auf 220 Grad vorheizen. Backbleche mit Backpapier auslegen.

2.
Den Teig 2 mm dick ausrollen. 16 Rondellen ausstechen, auf das Backblech legen, nochmals 10 Minuten zugedeckt gehen lassen.

3.
Die Teigrondellen mit der Tomatensauce bestreichen. Den Mozzarella in Scheiben schneiden oder grob hacken und darauf verteilen. Mit wenig Salz würzen und mit dem Olivenöl beträufeln.

4.
Minipizze im vorgeheizten Backofen bei 220 Grad 10 bis 15 Minuten backen. Abschmecken mit Pfeffer und garnieren mit Basilikum.

Abbildung
vorn: Pizza Margherita
hinten: Mangold-Calzonette (Seite 59)

Pizzette di pere e noce

Die Herbstliche: Birnen-Nuss-Pizza

für 16 Minipizze

- 1 Pizzateig 2, Seite 54

- 200 g Gorgonzola
- 3 reife Birnen
- 150 g Walnuss-/Baumnusskerne
- 1 Hand voll Rucola
- Meersalz
- schwarzer Pfeffer aus der Mühle
- 3 Knoblauchzehen

1.
Den Backofen auf 220 Grad vorheizen. Backbleche mit Backpapier auslegen.

2.
Den Teig in 16 Portionen teilen, Kugeln formen und diese 2 mm dick und rund ausrollen. Die Rondellen auf das Blech legen. Nochmals 10 Minuten zugedeckt gehen lassen.

3.
Die Birnen schälen, vierteln, entkernen, in kleine Würfel schneiden. Die Walnüsse grob hacken. Die Rucola klein schneiden.

4.
Die Pizzaböden mit dem Gorgonzola bestreichen. Birnen, Nüsse und Rucola darauf verteilen. Mit Salz und Pfeffer würzen. Den Knoblauch in feine Scheiben schneiden und darüber streuen.

5.
Pizze im vorgeheizten Backofen bei 220 Grad 10 Minuten backen.

Pizza alla melanzana

Die Fruchtige: Auberginen-Pizza

für 4 große oder 8 mittelgroße Pizze

- 1 Portion Dinkel-Pizzateig, Seite 55

- 2 Auberginen
- 4 EL Olivenöl extra nativ
- 1/2 l Tomatensauce, Seite 76
- 1 kleiner roter Gemüsepaprika/ Peperoni nach Belieben
- 4 in Öl eingelegte getrocknete Tomaten
- 2 Knoblauchzehen
- Meersalz
- Pfeffer aus der Mühle
- Oregano
- 80 g Mozzarella oder Provolone

1.
Den Backofen auf 220 Grad vorheizen. Backbleche mit Backpapier auslegen.

2.
Die Auberginen beidseitig kappen, in Scheiben schneiden und im Öl braten.

3.
Den Teig in 4 oder 8 Portionen teilen, Kugeln formen und diese 2 mm dick und rund ausrollen. Die Rondellen auf das Blech legen und mit einer Gabel mehrmals einstechen. Die Pizzaböden im vorgeheizten Backofen bei 220 Grad 6 Minuten vorbacken.

4.
Den Gemüsepaprika halbieren und entstielen, die Kerne entfernen, in kleine Würfel schneiden. Die Knoblauchzehen in feine Scheiben und die getrockneten Tomaten in feine Streifen schneiden. Den Mozzarella grob hacken.

5.
Die Pizzaböden mit Tomatensauce bestreichen, mit den Auberginen belegen, Paprikawürfelchen, Knoblauch und getrocknete Tomaten darauf verteilen. Oreganoblättchen darüber streuen, mit Salz und Pfeffer würzen. Den Käse darüber verteilen.

6.
Pizze im vorgeheizten Backofen bei 220 Grad 20 Minuten backen.

Tipp
«Italienischer» wird die Pizza, wenn man sie mit einem Weißmehl-Pizzateig zubereitet. Der Lust zum Belegen sind keine Grenzen gesetzt: Man kann für eine vegetarische Pizza Pilze, Zucchini, Zwiebeln, Brokkoli, Spinat und anderes Gemüse verwenden. Im Gegensatz zu italienischen KöchInnen meinen es PizzabäckerInnen nördlich der Alpen oft zu gut mit der Üppigkeit des Belags. In Italien, vor allem im Süden, geht man weit genügsamer damit um.

Bocca sorridente

Mangold-Calzonette

für Calzone und Pizzataschen verwendet man einen dünnen Pizzateig

für 12 Calzonette

Teig
- 15 g Hefe
- 150 ml/1,5 dl lauwarmes Wasser
- 300 g Halbweißmehl
- 1/2 TL Meersalz
- 1 TL Olivenöl extra nativ

Füllung
- 500 g Stielmangold/Krautstiele
- 100 g Blattspinat
- 4 EL Olivenöl extra nativ
- 1 Schalotte
- 2 Knoblauchzehen
- 1 TL Mehl
- 3–4 in Öl eingelegte Artischockenherzen
- 1 Dutzend entsteinte grüne Oliven
- 1 TL getrockneter Majoran
- 2 Freilandeier
- 1 Prise geriebene Muskatnuss
- Meersalz
- Cayennepfeffer
- 1 unbehandelte Zitrone
- 100 g geriebener Pecorino
- 1 EL Olivenöl extra nativ zum Bestreichen

1.
Für den Teig die Hefe im lauwarmen Wasser auflösen Das Mehl und das Salz in einer großen Teigschüssel mischen, eine Vertiefung drücken. Die Hefeflüssigkeit und das Öl in die Vertiefung gießen, zu einem Teig rühren. Den Teig auf der Arbeitsfläche mit den Händen kneten, bis er glatt und geschmeidig ist. In die Schüssel legen und mit einem feuchten Tuch bedecken. Den Teig an einem warmen Ort auf das doppelte Volumen aufgehen lassen.

2.
Das Mangoldkraut von den Stielen schneiden, dann in Streifen schneiden. Die Stiele putzen, in Streifen schneiden. Die Schalotten fein hacken, zusammen mit dem durchgepressten Knoblauch im Öl dünsten. Die Mangoldstiele dazugeben und 10 Minuten dünsten. Die Mangold- und Spinatblätter dazugeben, zusammenfallen lassen, dünsten, bis die Flüssigkeit verdampft ist. Mit dem Mehl bestäuben. Die Artischocken in Streifen schneiden, die Oliven hacken, zusammen mit dem zerriebenen Majoran unter das Gemüse mischen. Abkühlen lassen. Die Eier und den Käse unterrühren.

3.
Den Backofen auf 180 Grad vorheizen. Backbleche mit Backpapier auslegen.

4.
Den Teig in 12 Portionen teilen, Kugeln formen und diese 2 mm dick und rund ausrollen, für eine schöne Form zusätzlich ausstechen. 2 EL der Füllung in die Mitte der Teigrondellen geben. Zusammenklappen und gut zusammendrücken. Mit etwas Olivenöl bestreichen.

5.
Calzonette im vorgeheizten Ofen bei 180 bis 200 Grad 20 bis 25 Minuten backen.

Tipp
Die Teigtaschen öffnen sich während des Backens leicht, was sehr hübsch aussieht, wenn die Teigränder gezackt sind. Ähnlich der Pizza können die Calzoni nach Lust und Laune gefüllt werden.

Abbildung Seite 56

Pizza alla cicoria

Frühlingsgrüsse: Löwenzahn-Pizza

für 12 kleine Pizze

- 1 Portion Pizzateig 1, Seite 54
- 1/2 l Tomatensauce, Seite 76
- 200 g Scheiben Parmaschinken

Vinaigrette
- 3 Hand voll junger Löwenzahn
- 2 EL Balsamessig
- 3 EL Olivenöl extra nativ
- 1 EL Walnuss-/Baumnussöl
- 1 Knoblauchzehe nach Belieben
- Meersalz
- 1 Prise Zucker

1.
Den Backofen auf 220 Grad vorheizen. Backbleche mit Backpapier auslegen.

2.
Den Teig in 12 Portionen teilen, Kugeln formen und diese 2 mm dick und rund ausrollen oder den Pizzateig in einem Arbeitsgang ausrollen und Rondellen ausstechen. Die Rondellen auf das Blech legen. Nochmals 10 Minuten zugedeckt gehen lassen.

3.
Den Löwenzahn heiß waschen, trocken schleudern oder in einem Tuch trocknen. Für die Vinaigrette Essig und Öl verrühren. Nach Belieben Knoblauch dazupressen. Würzen. Den Löwenzahn etwas zerkleinern und mit der Vinaigrette vermengen.

4.
Die Pizzaböden mit Tomatensauce bestreichen, mit dem Parmaschinken belegen.

5.
Pizze im vorgeheizten Backofen bei 220 Grad 10 Minuten backen.

6.
Den Löwenzahnsalat auf den heißen Pizze verteilen.

Zum Rezept

Diese frühlingshafte Pizza sollte nur mit jungem, zartem Löwenzahn zubereitet werden, am besten früh im Frühling, wenn das vitaminreiche und urgesunde Wildkraut noch nicht bitter schmeckt. Mit dem Einsetzen der Herbstfröste verliert der Löwenzahn übrigens ebenfalls einen Teil seiner Bitteraromen. Löwenzahn, der auf italienisch «dente di leone» beziehungssweise «piscialetto» (wegen seiner harntreibenden Wirkung) heißt, wird in Italien für Salate, Gemüse und Raviolifüllungen verwendet und zudem mit hart gekochten Eiern und Sardellenfilets kombiniert.

Pizzette calabrese

Urlaubsgrüße: Pizza Calabrese

für 10 bis 12 kleine Pizze

- 1 Portion Pizzateig nach Wahl, Seiten 54/55

- 250 ml/ 2,5 dl Tomatensauce, Seite 76
- 500 g Brokkoli
- 1 rote Pfefferschote/Peperoncino
- 3 Knoblauchzehen
- 1 Büchse Sardellenfilets, 50 g
- 2 EL Olivenöl extra nativ
- 2 EL in Essig eingelegte Kapern
- 2 EL Semmelbrösel/Paniermehl

1.
Den Backofen auf 220 Grad vorheizen. Backbleche mit Backpapier auslegen.

2.
Den Teig in 10 bis 12 Portionen teilen, Kugeln formen und diese 2 mm dick und rund ausrollen. Die Rondellen auf das Blech legen. Nochmals 10 Minuten zugedeckt gehen lassen.

3.
Beim Brokkoli den Strunk wegschneiden, diesen schälen und klein würfeln. Die Blumen in sehr kleine Röschen teilen. Würfelchen und Röschen im Dampf 5 Minuten garen, unter kaltem Wasser abschrecken.

4.
Die Pfefferschote aufschneiden und entkernen, in Streifchen schneiden. Den Knoblauch und die Sardellen hacken. Pfefferschoten, Knoblauch und Sardellen im Öl dünsten. Die Kapern und die Semmelbrösel unterrühren und kurz mitdünsten.

5.
Die Pizzaböden mit der Tomatensauce bestreichen, mit dem Brokkoli belegen, die Sardellenmischung darüber verteilen.

6.
Pizze im vorgeheizten Backofen bei 220 Grad 15 bis 20 Minuten backen.

Pizzette ai porcini

Die Herbstliche: Steinpilz-Pizza

für 10 bis 12 kleine Pizze

- 1 Portion Pizzateig 2, Seite 54

- 500 g Steinpilze
- 2–3 EL Olivenöl extra nativ
- 3 EL Tomatenmark
- 3 Tomaten
- 4 Knoblauchzehen
- 2 Mozzarellakugeln, 300 g
- 1–2 EL Olivenöl extra nativ
- 1–2 EL Balsamessig
- wenig Rucola

1.
Den Backofen auf 220 Grad vorheizen. Backbleche mit Backpapier auslegen.

2.
Den Teig in 10 bis 12 Portionen teilen, Kugeln formen und diese 2 mm dick und rund ausrollen. Die Rondellen auf das Blech legen. Nochmals 10 Minuten zugedeckt gehen lassen.

3.
Die Pilze mit einem trockenen Tuch abreiben, in Scheiben schneiden. Das Öl in einer Pfanne erhitzen, die Pilze darin anbraten.

4.
Die Pizzaböden mit dem Tomatenmark bestreichen. Die Tomaten in dünne Scheiben schneiden, den Stielansatz entfernen, auf die Pizze legen, die Pilze darüber verteilen, den Knoblauch in Scheiben schneiden, darüber verteilen. Den Mozzarella hacken und darüber streuen. Mit Salz und Pfeffer würzen. Das Öl und den Essig darüber träufeln.
5.
Pizze im vorgeheizten Backofen bei 220 Grad 10 bis 15 Minuten backen. Mit Rucola garnieren.

Pizzette Adria

Urlaubsgrüße: Adria-Pizza

für 10 bis 12 kleine Pizze

- 1 Portion Pizzateig nach Wahl, Seiten 54/55

- 250 ml/ 2,5 dl Tomatensauce, Seite 76
- 250 g aufgetauter Marinara Mix: Garnelen/Krevetten, Kalmare/ Tintenfischringe, Venus-, Jakobs- und Miesmuscheln oder frische Meeresfrüchte
- 100 g frische grüne Algen nach Belieben oder 1 EL gezupfte Oreganoblättchen
- 2–3 Knoblauchzehen
- 2 EL Olivenöl extra nativ
- 2 Mozzarellakugeln, 300 g
- Meersalz
- schwarzer Pfeffer aus der Mühle

1.
Den Backofen auf 220 Grad vorheizen. Backbleche mit Backpapier auslegen.
2.
Den Teig in 10 bis 12 Portionen teilen, Kugeln formen und diese 2 mm dick und rund ausrollen. Die Rondellen auf das Blech legen, nochmals 10 Minuten zugedeckt gehen lassen.
3.
Die Algen in kochendes Wasser geben, kurz überbrühen, dann in einem Sieb gut abtropfen lassen.
4.
Die Pizzaböden mit der Tomatensauce bestreichen, mit den Meeresfrüchten und den Algen belegen. Die Knoblauchzehen in feine Scheiben schneiden, darüber streuen. Mit Olivenöl beträufeln. Den Mozzarella grob hacken, darüber streuen. Mit Pfeffer und wenig Salz würzen.
5.
Pizze im vorgeheizten Backofen bei 220 Grad 15 bis 20 Minuten backen.

Variante
Wer keine Algen verwendet, streut die gezupften Oreganoblättchen über die Pizza. Wer keine Muscheln und Kalmare/Tintenfischringe mag, kann die Pizzette auch nur mit Garnelen/Krevetten und Algen belegen.

Pizza all'arrabbiata

Schnelle, scharfe Pizza

für 2 Pizze

- $^1/_2$ Portion Enzas Pizzateig, Seite 55

- 4 EL Tomatensauce, Seite 76, oder $^1/_2$ Dose Pelati-Tomaten
- 1 Paar Landjäger oder 100 Salami am Stück
- 4 in Öl eingelegte getrocknete Tomaten
- 1 EL getrockneter Oregano
- Meersalz
- schwarzer Pfeffer aus der Mühle
- 100 g Käsemischung für Pizza
- 1 kleiner roter oder grüner Gemüsepaprika/Peperoni
- 1 rote Pfefferschote/Peperoncino
- 8–10 schwarze Oliven
- 2 EL Olivenöl extra nativ

1.
Den Backofen auf 220 Grad vorheizen. Backblech mit Backpapier auslegen.

2.
Landjäger häuten, in feine Scheiben schneiden oder Salami klein würfeln. Die eingelegten Tomaten in Streifen schneiden. Den Gemüsepaprika halbieren, den Stielansatz und die Kerne entfernen, in kleine Würfel schneiden. Die Pfefferschote aufschneiden, die Kerne entfernen, in Streifen schneiden.

3.
Den Teig halbieren, Kugeln formen und diese rund ausrollen, auf das Blech legen. Nochmals 10 Minuten zugedeckt gehen lassen.

4.
Die Pizzaböden mit der Tomatensauce bestreichen. Landjäger oder Salami, getrocknete Tomaten, Käse, Gemüsepaprika, Pfefferschoten und Oliven darauf verteilen. Mit Oregano, Salz und Pfeffer würzen. Mit Olivenöl beträufeln.

5.
Die Pizze im vorgeheizten Backofen bei 220 Grad 15 Minuten backen.

Pizzette agli spinaci e gorgonzola

Frühlingsgrüße: Spinat-Gorgonzola-Pizza

für 6 kleine Pizze

- $^1/_2$ Pizzateig 1, Seite 54

- 300 g Spinat
- 2 Knoblauchzehen
- 80 g/0,8 dl süße Sahne/Rahm
- schwarzer Pfeffer aus der Mühle
- Kräutermeersalz
- 1 Prise geriebene Muskatnuss
- 2 EL Olivenöl extra nativ
- 150 g Mascarpone-Gorgonzola
- 50 g Frühstücksspeck nach Belieben
- 50 g Pinienkerne

1.
Den Spinat im Dampf zusammenfallen lassen, in ein Sieb geben und leicht ausdrücken. Größere Blätter grob hacken.

2.
Den Backofen auf 220 Grad vorheizen. Backblech mit Backpapier auslegen.

3.
Den Pizzateig in 6 Portionen teilen, Kugeln formen und diese 2 mm dick und rund ausrollen. Die Rondellen auf das Blech legen, nochmals 10 Minuten zugedeckt gehen lassen.

4.
Den Spinat auf den Pizzaböden verteilen. Den Knoblauch in feine Scheiben schneiden, über den Spinat verteilen. Die Sahne mit Salz, Pfeffer und Muskatnuss würzen, zusammen mit dem Olivenöl über den Spinat träufeln. Mit einer Gabel kleine Stückchen des Gorgonzola abstechen und auf den Pizze verteilen. Nach Belieben Speckwürfelchen und Pinienkerne darüber streuen.

5.
Pizze im vorgeheizten Backofen bei 220 Grad 15 bis 20 Minuten backen.

Pizzette tricolore

Die Patriotische: Tricolore-Pizza

für 16 Minipizze oder 8 mittelgroße Pizze

- 1 Pizzateig 1, Seite 54

- 2 Zucchini
- 3 EL Olivenöl extra nativ
- 4 große Tomaten
- 250 g Ziegenkäse
- Meersalz
- schwarzer Pfeffer aus der Mühle
- 1 Zweiglein Oregano
- 1 Zweiglein Thymian
- 3 Zweiglein Basilikum

1.
Den Backofen auf 220 Grad vorheizen. Backbleche mit Backpapier auslegen.

2.
Die Zucchini in Scheiben schneiden, in 1 EL Öl kurz dünsten.

3.
Die Tomaten in nicht zu dünne Scheiben schneiden, den Stielansatz wegschneiden. Den Ziegenkäse ebenfalls in Scheiben schneiden.

4.
Den Teig 2 mm dick ausrollen. 16 oder 8 Rondellen ausstechen, auf das Backblech legen. Nochmals 10 Minuten zugedeckt gehen lassen.

5.
Ziegenkäse, Tomaten- und Zucchinischeiben halb überlappend auf den Teig legen. Mit dem restlichen Öl beträufeln. Mit Salz und Pfeffer würzen, Oregano und Thymian darüber streuen.

6.
Minipizze im vorgeheizten Backofen bei 220 Grad 15 bis 20 Minuten backen. Mit fein geschnittenem Basilikum garnieren.

Varianten
Den Ziegenkäse durch Mozzarella, die Zucchini durch Blattmangold, Löwenzahn oder Catalonga ersetzen.

Pizzette due formaggi

Winterduett: Käse-Pilz-Pizza

für 6 kleine Pizze

- 1/2 Portion Pizzateig, Seite 54

- 250 g Champignons
- 1 EL Olivenöl extra nativ
- 150 g Fontina-Käse
- 80 g/0,8 dl süße Sahne/Rahm
- 100 g Mozzarella
- 3 Knoblauchzehen
- Meersalz/schwarzer Pfeffer
- 1 EL Olivenöl extra nativ

1.
Die Champignons putzen und in Scheiben schneiden, im Öl kurz dünsten.

2.
Den Backofen auf 220 Grad vorheizen. Backblech mit Backpapier auslegen.

3.
Den Fontina-Käse klein würfeln, mit der süßen Sahne in eine kleine Schüssel geben und im Ofen schmelzen.

4.
Den Pizzateig in 6 Portionen teilen, Kugeln formen und diese 2 mm dick und rund ausrollen. Auf das Blech legen. 10 Minuten zugedeckt gehen lassen.

5.
Die Pilze auf den Pizzaböden verteilen. Die Knoblauchzehen in feine Scheiben schneiden und über die Pilze verteilen. Mit der Käsesahne übergießen. Mozzarella grob hacken und darüber streuen. Würzen. Das Öl darüber träufeln.

6.
Pizze im vorgeheizten Backofen bei 220 Grad 15 bis 20 Minuten backen.

Abbildung

Focaccia «Williams»

Schnelle Williams-Focacciawürfel

- 1 Focaccia, Seite 68

- 1 Williamsbirne
- 40 g Knollensellerie
- 1–2 EL Williamsgeist (Birnenschnaps)
- 30 g Butter
- 30 g Mehl
- 1/2 l Milch
- 1 Prise geriebene Muskatnuss
- Meersalz/schwarzer Pfeffer
- 70 g geriebener Greyerzer Käse
- 100 g Gorgonzola
- 2 Eigelb von Freilandeiern

1.
Die Birne schälen, vierteln und das Kerngehäuse entfernen, klein würfeln. Den Sellerie schälen, klein würfeln. Beides mit dem Williamsgeist beträufeln, 15 Minuten marinieren.

2.
Die Butter in einer Pfanne zergehen lassen, das Mehl dazugeben und verrühren. Die Milch mit dem Schneebesen kräftig unterrühren, bei kleiner Hitze 5 bis 8 Minuten köcheln lassen. Die Sauce mit Muskatnuss, Salz und Pfeffer würzen. Den Greyerzer Käse und den zerbröckelten Gorgonzola unter die Sauce rühren, schmelzen lassen. Die Pfanne von der Wärmequelle nehmen. Eigelb, Sellerie- und Birnenwürfelchen unterrühren.

3.
Den Backofen auf 200 Grad vorheizen.

4.
Focaccia längs durchschneiden, mit der Käsemasse füllen. Im Backofen bei 200 Grad 5 Minuten backen. Heiß in Würfel schneiden. Sofort servieren.

Felix' Focaccia

für 1 große oder 4 kleine Focacce

- 1/2 Hefewürfel (20 g)
- 50 ml/0,5 dl lauwarmes Wasser
- 500 g Weißmehl
- 1 1/2 TL Meersalz
- 1 EL Rosmarinnadeln
- 1 EL Thymianblättchen
- 250 ml/2,5 dl lauwarme Milch
- 2 EL Olivenöl extra nativ

- 2 EL Olivenöl extra nativ
- 1 EL grob gehackte Rosmarinnadeln
- 1/2–1 EL grobes Meersalz
- Pfeffer aus der Mühle
- 1 EL Olivenöl extra nativ

1.
Die Hefe im lauwarmen Wasser auflösen.

2.
250 g Mehl abwägen, davon 4 EL zusammen mit der angerührten Hefe in eine Schüssel geben und gut verrühren. Das restliche Mehl darüber streuen. Die Schüssel mit einem feuchten Tuch bedecken. Den Vorteig bei Zimmertemperatur 30 Minuten stehen lassen, bis das Mehl an der Oberfläche aufbricht.

3.
Restliches Mehl, Salz und Kräuter in einer zweiten Schüssel mischen. Die Milch und das Olivenöl unterrühren. Den Vorteig dazugeben und zu einem Teig rühren. Den Teig auf der Arbeitsfläche mit den Händen 10 Minuten kneten. In eine Schüssel legen und mit einem feuchten Tuch bedecken. An einem warmen Ort auf das doppelte Volumen aufgehen lassen.

4.
Den Backofen auf 200 Grad vorheizen.

5.
Den Teig portionieren, etwa 2 cm dick und oval oder rechteckig ausrollen, die Oberfläche kreuzweise einschneiden. Mit Olivenöl bepinseln, mit Rosmarinnadeln und grobem Salz bestreuen. Mit Pfeffer abschmecken.

6.
Focaccia im vorgeheizten Backofen bei 200 Grad 30 bis 40 Minuten backen. Noch warm mit Olivenöl bepinseln.

Variante
Für Focaccia mit Zwiebeln 5 mittelgroße Zwiebeln in feine Scheiben schneiden, in 3 EL Olivenöl extra nativ glasig dünsten. Den Teig 2 cm dick und oval oder rechteckig ausrollen. Die Zwiebeln darauf verteilen. Mit grobem Meersalz bestreuen. Im vorgeheizten Backofen bei 200 Grad 30 bis 40 Minuten backen.

Variante
Für Focaccia mit Oliven den Teig 2 cm dick und oval oder rechteckig ausrollen. 100 g entsteinte schwarze Oliven in Ringe schneiden und in den Teig drücken. Mit 2 EL Olivenöl extra nativ bepinseln. 1 EL grob gehackte Rosmarinnadeln darüber streuen. Mit grobem Meersalz würzen. Focaccia im vorgeheizten Backofen bei 200 Grad 30 bis 40 Minuten backen.

Variante
Für Focaccia mit Nüssen etwa 100 g Walnüsse/Baumnüsse grob hacken und ganz am Schluss in den Teig kneten.

Abbildung
vorn: Felix' Focaccia
hinten: Knuspriger Kräuterfladen (Seite 72)

Crostata di carciofi

Artischockenkuchen

für eine Rosetten- oder runde Springform

- 400 g Blätterteig

- 12 große in Öl eingelegte Artischockenherzen
- 2 EL fein gehackte glattblättrige Petersilie
- 1 EL gehackter Borretsch
- wenig Majoran
- 150 g geriebener Pecorino
- 2 Freilandeier
- 4 EL Milch
- Meersalz
- schwarzer Pfeffer aus der Mühle

- 1 Eigelb zum Bestreichen

1.
Den Teig in 2 Portionen von etwa 150 g (Deckel) und 250 g (Boden) teilen. Für den Boden den Teig so groß ausrollen, dass er noch 3 bis 4 cm (Rand) hochgezogen werden kann. Den Teig in die mit kaltem Wasser ausgespülte Form legen, den Rand andrücken. Den Boden mit einer Gabel einige Male einstechen.

2.
Den Backofen auf 180 Grad vorheizen.

3.
Die abgetropften Artischocken klein schneiden, mit dem Käse und den Kräutern vermengen, auf den Teigboden verteilen. Die Eier und die Milch verquirlen, würzen, in die Form gießen.

4.
Den restlichen Teig für den Deckel auf Formgröße ausrollen, auf die Füllung legen. Den Innenrand des Bodens leicht anfeuchten, über den Deckel legen und andrücken. Den Deckel mit Eigelb bestreichen. Mit einer Gabel einige Male einstechen.

5.
Den Kuchen im vorgeheizten Backofen bei 180 Grad 40 Minuten backen. Nach Belieben mit Borretschblüten verzieren.

Tipp
Wer die Verarbeitung frischer Artischocken scheut, kann auch solche aus dem Glas verwenden.

Abbildung

Involtini di broccoli

Brokkoli im Blätterteig

für 12 Rollen

- 250 g Blätterteig

- 150 g Mascarpone
- 1 Prise geriebene Muskatnuss
- Meersalz
- Pfeffer aus der Mühle
- 3 Zweiglein Oregano, abgezupfte Blättchen, oder 1 EL getrockneter Oregano

- 150 g aufgeschnittener Bauernschinken
- 500 g Brokkoli
- 2 EL geriebener Parmesan

- 1 Eigelb zum Bestreichen

Fortsetzung übernächste Seite

1.
Die Brokkolistiele schälen, die Enden kappen, die Röschen samt Stiel abbrechen. Im Dampf knackig garen, dann abkühlen lassen.

2.
Den Backofen auf 230 Grad vorheizen.

3.
Den Mascarpone mit Muskatnuss, Salz und Pfeffer würzen, die Oreganoblättchen beifügen.

4.
Den Teig dünn ausrollen. 12 Rechtecke schneiden. Den Mascarpone darauf ausstreichen. Mit den Schinkenscheiben und dem Brokkoli belegen, den Parmesan darüber streuen. Die schmalen Teigenden einschlagen und den Teig aufrollen. Mit Eigelb bestreichen.

5.
Die Brokkolirollen im vorgeheizten Backofen bei 230 Grad 20 Minuten backen.

Crostata di focaccina alle erbe

Knusprige Kräuterfladen

Fladenteig
- 30 g Hefe
- 250 ml/2,5 dl lauwarmes Wasser
- 375 g Halbweißmehl
- 1/2 TL Meersalz

Belag
- 3 EL Olivenöl extra nativ
- 3 EL fein gehackte Kräuter, z.B. Salbei, Rosmarin und Thymian
- 1–2 Knoblauchzehen
- Pfeffer aus der Mühle/Meersalz

1.
Die Hefe im lauwarmen Wasser auflösen.

2.
Das Mehl und das Salz in einer Teigschüssel mischen, eine Vertiefung drücken. Die Hefeflüssigkeit in die Vertiefung gießen, zu einem Teig rühren. Den Teig auf der Arbeitsfläche mit den Händen kneten, bis er glatt und geschmeidig ist. In die Schüssel legen und mit einem feuchten Tuch bedecken. Den Teig an einem warmen Ort auf das doppelte Volumen aufgehen lassen.

3.
Den Backofen auf 200 Grad vorheizen. Backbleche mit Backpapier auslegen.

4.
Den Teig nochmals kurz kneten, in 8 Portionen teilen, Kugeln formen und diese zu dünnen Fladen ausrollen. Die Fladen auf das Blech legen. Das Olivenöl mit den Kräutern und dem fein gehackten Knoblauch verrühren, die Fladen damit bestreichen. Nochmals 10 Minuten gehen lassen.

5.
Die Fladen mit Pfeffer und grobem Salz bestreuen. Im vorgeheizten Backofen bei 200 Grad 12 bis 15 Minuten backen.

Abbildung Seite 69

Rondini di melanzane alla bolognese

Bologneser Auberginen-Küchlein

für 16 Küchlein

Auberginenküchlein
- 2 große Auberginen
- 4 EL Olivenöl extra nativ
- Meersalz

- 250 g Kuchenteig

Sugo bolognese
- 2 EL Olivenöl extra nativ
- 1 Zwiebel
- 1 rote Pfefferschote/Peperoncino
- 300 g gemischtes Hackfleisch
- 300–400 g gemischtes Gemüse, z. B. Zucchini, Möhren/Karotten, roter Gemüsepaprika/Peperoni, Lauch, Knollensellerie
- 6 große Tomaten
- 1 EL Tomatenmark
- 2 Knoblauchzehen
- einige entsteinte schwarze Oliven
- 200 ml/2 dl Rotwein
- 1 TL Meersalz
- 2 Prisen Cayennepfeffer
- schwarzer Pfeffer aus der Mühle
- 1 EL Oreganoblättchen

1.
Für den Sugo die Zwiebeln fein hacken, Die Pfefferschote aufschneiden, entkernen und in feine Streifen schneiden. Das Gemüse putzen und in kleine Würfel schneiden. Tomaten an der Spitze kreuzweise einschneiden, im Schaumlöffel in kochendes Wasser tauchen, bis sich die Haut löst, die Früchte schälen, den Stielansatz entfernen, grob hacken.

2.
Die Zwiebeln und das Fleisch im Öl braten, das klein gewürfelte Gemüse dazugeben und dünsten. Die gehackten Tomaten und das Tomatenmark unterrühren, den Knoblauch dazupressen, die Oliven beifügen, 10 Minuten köcheln lassen. Den Rotwein angießen. Die Sauce auf kleinem Feuer zugedeckt 2 Stunden köcheln lassen. Würzen.

3.
Den Backofen auf 220 Grad vorheizen.

4.
Für die Küchlein die Auberginen beidseitig kappen, in Scheiben schneiden, im Olivenöl braten. Mit Salz würzen. Die Auberginenscheiben auf den Boden der Förmchen legen. 2 EL Sugo darauf verteilen. Den Kuchenteig 2 mm dick ausrollen, Rondellen in der Größe der Förmchen ausstechen, auf die Auberginenscheiben legen. Die Teigränder nach unten einschlagen. Den Teig mit einer Gabel 2 bis 3 Mal einstechen, damit er keine Blasen wirft.

5.
Die Auberginenküchlein im vorgeheizten Backofen bei 220 Grad im oberen Drittel 20 Minuten backen. Kurz abkühlen lassen. Den Rand mit einem Messer lösen und die Küchlein stürzen.

Tipp
Für die Auberginenküchlein braucht man die Hälfte der Bologneser Sauce. Der Sugo kann auch als Pizzabelag oder als Sauce zu Pasta verwenden.

Sfogliatini di spinaci e di salmone

Spinat-Lachs-Törtchen

für 6 Törtchen von 10 cm Durchmesser

- 300 g Blätterteig

- 500 g Spinat
- 30 g Butter
- 1 fein gehackte Schalotte
- 150 g Lachsfilet
- 80 g Mascarpone
- 80 g Ricotta
- 2 Eigelb von Freilandeiern
- 1 Prise geriebene Muskatnuss
- Meersalz
- schwarzer Pfeffer aus der Mühle

1.
Den Spinat im Dampf zusammenfallen lassen, in ein Sieb geben und leicht ausdrücken. Die Schalotten in der Butter dünsten, den Spinat dazugeben. Den in feine Streifen geschnittenen Lachs zum Spinat geben. Von der Wärmequelle nehmen und leicht abkühlen lassen. Mascarpone, Ricotta und Eigelb unterrühren. Würzen.

2.
Den Backofen auf 200 Grad vorheizen.

3.
Den Blätterteig zu einem Rechteck von 36 cm x 24 cm ausrollen. 6 Rondellen von 12 cm Durchmesser ausstechen. Die Teigrondellen in die mit kaltem Wasser ausgespülten Förmchen legen. Mit der Spinat-Lachs-Masse füllen.

4.
Die Spinat-Lachs-Törtchen im vorgeheizten Backofen bei 200 Grad 30 Minuten backen. Warm servieren.

Sfogliatini di cicorino rosso

Blätterteigtörtchen mit Cicorino rosso

für 6 Törtchen von 10 cm Durchmesser

- 300 g Blätterteig
- 3 EL Olivenöl extra nativ
- 300 g Cicorino rosso/Radicchio
- 100–150 g Spinat
- 50 g Walnuss-/Baumnusskerne
- 50 g Rosinen
- 100 g Mascarpone-Gorgronzola
- 1/2 TL Meersalz
- schwarzer Pfeffer aus der Mühle

1.
Den Backofen auf 200 Grad vorheizen.

2.
Die Rosinen in Wasser einlegen. Die Nüsse grob hacken. Cicorino rosso zuerst längs halbieren, dann quer in Streifen schneiden.

3.
Das Öl erhitzen, den Cicorino darin kurz dünsten. Den Spinat beigeben und unter Rühren zusammenfallen lassen.

4.
Den Blätterteig zu einem Rechteck von 36 cm x 24 cm ausrollen. 6 Rondellen von 12 cm Durchmesser ausstechen. Die Teigrondellen in die mit kaltem Wasser ausgespülten Förmchen legen. Das Gemüse in die Förmchen verteilen. Abgetropfte Rosinen, Nüsse und zerbröckelten Gorgonzola darauf verteilen. Würzen.

5.
Die Törtchen im vorgeheizten Backofen bei 200 Grad 30 Minuten backen. Warm servieren.

Abbildung

Sugo al pomodoro fresco

Frische Tomatensauce

für 4 Pizze

- 1 kg sehr reife, fleischige Tomaten, vorzugsweise Pelati-Tomaten
- 1 Zwiebel
- 2 Knoblauchzehen
- 2 EL Olivenöl extra nativ
- 2 EL Tomatenmark
- 1 EL gehackte Kräuter, z. B. Basilikum, Oregano, Petersilie
- 1 EL Balsamessig
- Kräutermeersalz
- Pfeffer aus der Mühle

1.
Die Tomaten an der Spitze kreuzweise einschneiden, in einem Schaumlöffel in kochendes Wasser tauchen, bis sich die Haut zu lösen beginnt. Die Früchte schälen, den Stielansatz entfernen, zerkleinern.

2.
Die Zwiebel und die Knoblauchzehen fein hacken, im Olivenöl dünsten, das Tomatenmark dazugeben und kurz mitdünsten. Die zerkleinerten Tomaten beifügen, 45 Minuten bei kleiner Hitze zu einer dicken Sauce einköcheln lassen. Die Kräuter und den Essig unterrühren, mit Kräutersalz und Pfeffer würzen.

Sugo al pomodoro di latta

Tomatensauce aus der Dose

für 4 Pizze

- 1 Dose Pelati-Tomaten mit Saft (ca. 500 g)
- 2 EL Olivenöl extra nativ
- 2 Knoblauchzehen
- 2 Oreganozweiglein
- Meersalz
- schwarzer Pfeffer aus der Mühle

1.
Den Stielansatz bei den Tomaten entfernen, die Früchte mit einem Messer zerkleinern, zusammen mit dem Tomatensaft in einen Topf geben. Den Knoblauch dazupressen, das Olivenöl und die Kräuter unterrühren. 10 bis 15 Minuten bei kleiner Hitze köcheln lassen.

Verdure fresche, fritte e ripiene

Gemüse ist der wichtigste «Bodenschatz» Italiens. Es wird bevorzugt frisch verwendet. Und weil es so viele eigenständige Regionalküchen gibt, kennt man zwischen Ätna und Monte Bianco auch unzählige Spielarten, Gemüse zuzubereiten.

Fritto misto vegetariano

Gemüse im Ausbackteig

Ausbackteig
- 2 Freilandeier
- 1 EL Olivenöl extra nativ
- 250 ml/2,5 dl (dunkles) Bier
- 1 TL Meersalz
- 200 g Halbweißmehl

- Öl zum Fritieren

- 1–2 Zitronen

- Gemüse: kleine Auberginen, Spargelspitzen, Fenchel, kleine Zwiebeln, Blumenkohl- und Brokkoliröschen, Gemüsepaprika/Peperoni, Steinpilze und Champignons, Zucchini und Zucchiniblüten

1.

Das Gemüse putzen. Die Auberginen in Scheiben schneiden, die Spargelspitzen auf etwa 8 cm kürzen (den Rest anderweitig verwenden), den Fenchel in Streifen schneiden, die Zwiebeln halbieren, Den Blumenkohl und den Brokkoli in Röschen teilen (den Strunk anderweitig verwenden), die Zucchini in Scheiben schneiden, bei den Zucchiniblüten den Stempel entfernen, Blüten ganz lassen. Die Pilze mit einem spitzen Küchenmesser reinigen und mit einem trockenen Tuch abreiben, große Pilze halbieren.

2.

Für den Ausbackteig Eigelb, Olivenöl, Bier und Salz verrühren, das Mehl unterrühren. 30 Minuten ruhen lassen. Das Eiweiß steif schlagen und unter den Teig ziehen.

3.

Zum Fritieren reichlich Öl erhitzen. Das vorbereitete Gemüse portionsweise durch den Teig ziehen und im Öl backen. Auf Küchenpapier abtropfen lassen. Nach Belieben mit Salz würzen. Mit Zitronenspalten servieren.

Zum Rezept

Fritto misto vegetariano, in Teig ausgebackenes oder «nackt» gebratenes Gemüse, ist ein hervorragender Appetizer und in Italien sehr beliebt. Wenn man das Frittierte zuvor auf Küchenpapier abtropfen lässt, kann es gut von Hand gegessen werden. Für alle Fälle Zahnstocher daneben stellen.

Variante

Die Italiener frittieren kleine Mozzarellakugeln, Petersilienstängel wie auch Fische und Meeresfrüchte im Ausbackteig, z. B. Kalmare/Tintenfischringe, Garnelen/Krevetten, portionierten, festen Fisch oder kleine Fischfilets usw.

Tipp

Zu Fritto misto passen Ricotta-Schnittlauch-Sauce, Seite 42, Tomatensauce, Seite 76, Pesto, Seite 90 u. a.

Salvia fritta

Salbeiblätter im Ausbackteig

- 30–40 Salbeiblätter

Ausbackteig
- 1 Freilandei
- 4 EL dunkles Bier, Weißwein oder Mineralwasser
- 4 EL Mehl Halbweißmehl
- Meersalz

- Öl zum Fritieren

1.
Ei, Bier und Mehl zu einem glatten Teig rühren. Mit Salz würzen.
2.
Zum Fritieren reichlich Öl erhitzen. Die Salbeiblätter durch den Teig ziehen und im Öl backen.
3.
Die Salbeiblätter auf Küchenpapier abtropfen lassen, dann auf einer Platte anrichten und mit Salz abschmecken.
Variante
Kräuterkenner bereiten diesen beliebten Snack auch mit dem Wiesenbocksbart zu. Das Wildkraut mit den 40 bis 80 cm langen Stängeln ist, wie sein Name schon sagt, auf Wiesen und Wegrändern zu Hause und in ganz Europa zu finden. Essbar sind die jungen Schösslinge mit den Blütenknopsen sowie die Wurzeln und Blätter. Zum Ausbacken verwendet man die Schösslinge, die wohlschmeckend mild sind und eine leicht süßliche Note aufweisen. In Italien hat der Bocksbart, auch Fressblume und Himmelsbrod genannt, eine lange Tradition: Schon die Römer haben das gesunde Kraut geschätzt.

Porcini fritti

Gebratene Steinpilze

für 2 Personen

- 250 g Steinpilze
- 2 Freilandeier
- Meersalz
- schwarzer Pfeffer aus der Mühle
- 2 EL Semmelbrösel/Paniermehl

- 6 EL Olivenöl extra nativ zum Braten

1.
Die Steinpilze mit einem spitzen Küchenmesser putzen und einem trockenen Tuch abreiben.
2.
Die Eier verrühren, mit Salz und Pfeffer würzen.
3.
Einen Teil des Öls in einer weiten Bratpfanne erhitzen Die Pilzscheiben zuerst im Ei, dann in den Semmelbröseln wenden, portionenweise in die Pfanne geben und braten. Auf Küchenpapier abtropfen lassen.
4.
Die gebratenen Pilze auf trockenen Salat- oder Weinblättern anrichten, mit Zahnstochern servieren.
Variante
Auch Champignons und Boviste eignen sich für dieses Rezept

Verdure con pinzimonio all'aglio e aioli

Gemüsestäbchen mit Kräutervinaigrette und Knoblauchsauce

- pro Person 200–300 g zartes Gemüse, z.B. Fenchel, junge Artischocken, Frühlingszwiebeln, Stauden-/Stangensellerie, Radieschen, Babymaiskolben, Cherrytomaten, Brüsseler Endive/weißer Chicorée, Möhren/Karotten, Gemüsepaprika/Peperoni, Brokkoli, Cicorino rosso/Radicchio, grüner Spargel, grüne und gelbe Zucchini, kleine neue Kartoffeln

Kräutervinaigrette (2 Portionen)
- 30 ml/0,3 dl Weißweinessig (Verhältnis Essig/Öl 1 : 4)
- ein paar Spritzer Zitronensaft
- mindestens 150 ml/1,5 dl Olivenöl extra nativ
- Meersalz
- schwarzer Pfeffer aus der Mühle
- ein paar Zweige Fenchelkraut oder Dill

Knoblauchsauce (4 Portionen)
- 4 Knoblauchzehen
- 1/2 TL Meersalz
- 1 kleine gekochte Kartoffel
- 2 Eigelb von Freilandeiern
- 300 ml/3 dl Olivenöl extra nativ
- 1–2 TL Zitronensaft
- schwarzer Pfeffer aus der Mühle

1.

Für die Kräutervinaigrette Essig, Zitronensaft und Öl verrühren, mit Salz und Pfeffer würzen. Einen Kräuterzweig (die restlichen Zweige für die Garnitur verwenden) sehr fein hacken und dazugeben.

2.

Für die Knoblauchsauce die Knoblauchzehen grob hacken, zusammen mit der gekochten Kartoffel und dem Salz im Mörser zerstossen. Das Eigelb in eine Schüssel geben, die Hälfte des Öls unter ständigem Rühren tropfenweise dazugeben, das restliche Öl kann dann unter ständigem Rühren esslöffelweise dazugegeben werden. Knoblauch und Kartoffeln unterrühren. Die Sauce mit Zitronensaft und Pfeffer abschmecken.

3.

Das Gemüse putzen und in längliche Stücke oder Scheiben schneiden oder in Röschen brechen. Die Kartoffeln werden gekocht, die meisten Gemüse dagegen roh verzehrt. Spargel, Blumenkohl und Brokkoli werden im Dampf bißfest gegart. Das Gemüse auf einer großen Platte anrichten.

Tipp

Sehr gut passen auch roher Schinken (Parma, San Daniele u.a.) oder gekochte Krevetten/Garnelen dazu.

Olivenöl extra nativ

Es gibt den Saucen ein feines Aroma. Man kann den Geschmack durch Beigabe von etwas Trüffel- oder Nussöl verändern.

Crespelle di zucchini

Zucchini-Kartoffel-Puffer

für etwa 30 Stück

- 500 g Zucchini
- 500 g Kartoffeln
- 2 EL saure Sahne/Sauerrahm
- 1 Freilandei
- 1 gehäufter EL Mehl
- 1 TL Meersalz
- Pfeffer aus der Mühle

- Olivenöl und Butter zum Braten

1.
Die Kartoffeln schälen, die Zucchini beidseitig kappen, beides sehr fein raspeln, am besten mit der Küchenmaschine.

2.
Gemüse, saure Sahne, Ei, Mehl und Salz vermengen, mit Pfeffer abschmecken.

3.
Reichlich Öl und Butter erhitzen. Die Masse esslöffelweise in die Pfanne geben, mit dem Löffel flachdrücken und von beiden Seiten einige Minuten knusprig braten. Zum Entfetten auf Küchenpapier legen, mit Pfeffer abschmecken.

Tipp
Warm mit Rucolapesto, Seite 90, Ricotta-Schnittlauch-Sauce, Seite 42, Gremolata, Seite 16, oder Tomatensauce, Seite 76, servieren.

Abbildung

Bagna cauda

Gemüserohkost mit Sardellenbutter

für 2 Personen

- 1 Stängel Stauden-/Stangensellerie
- 1 Salatgurke
- 1 roter Gemüsepaprika/Peperoni
- 250 g kleine Zucchini

Sardellenbutter
- 50 g Butter
- 200 ml/2 dl Olivenöl extra nativ
- 5 Knoblauchzehen
- 100 g Sardellenfilets
- Meersalz

1.
Die Selleriestange putzen und in 3 bis 4 Stücke schneiden. Die Gurke in längliche Stäbchen schneiden. Beim Gemüsepaprika den Stielansatz entfernen, die Frucht achteln, die Kerne und die weißen Häutchen entfernen. Die Zucchini längs vierteln.

3.
Die Sardellenfilets gut abspülen, mit Küchenpapier trocken tupfen und klein hacken.

4.
Die Butter in einem feuerfesten Töpfchen zum Schmelzen bringen. Die Knoblauchzehen dazupressen und auf kleinstem Feuer glasig dünsten. Die Sardellen dazugeben und das restliche Öl nach und nach unterrühren. Salzen.

Tipp
Die Bagna cauda, das «warme Bad», wird traditionellerweise in einem Tonschälchen auf einem Rechaud serviert. Wichtig ist, dass die Sauce sehr heiß ist. Geröstete Brotscheiben dazu reichen.

Melanzane nuove in padella

Gebackene junge Auberginen

für 2 Personen

- 2 kleinere, junge Auberginen
- 6 EL Olivenöl extra nativ
- Meersalz oder Kräutemeersalz
- schwarzer Pfeffer aus der Mühle
- dünne Brotscheiben

1.
Die Auberginen beidseitig kappen, in 5 bis 10 mm dicke Scheiben schneiden.

2.
Gut die Hälfte des Olivenöls in einer weiten Bratpfanne erhitzen. Die Auberginen hineinlegen und bei mittlerer Hitze braten. Mit Salz und Pfeffer würzen. Die Auberginen wenden und das restliche Öl dazugeben, fertig braten. Mit Salz und Pfeffer würzen. Die Auberginenscheiben mit einer Gabel fest pressen, so dass Öl und Gemüsewasser ausgeschieden werden. Die Scheiben wenden und im eigenen Saft knusprig braten. Zum Entfetten auf Küchenpapier legen, die Oberfläche mit Küchenpapier abtupfen.

3.
In der noch heißen Bratpfanne die Brotscheiben kurz erwärmen, leicht salzen.

4.
Die Auberginen mit Zahnstochern servieren, das Brot dazu reichen.

Tipp
Ein himmlischer, einfacher Genuss, der mit der Frische der jungen Auberginen steht und fällt. Am besten sind sie natürlich aus eigener Ernte. Auch nördlich der Alpen gedeihen Auberginen prächtig. Wer über einen eigenen Garten verfügt, sollte sich den Anbau dieser anspruchslosen Frucht nicht vorenthalten. 5 oder 6 kleine Pflänzchen, im Juni gesetzt, reichen, um sich bis in den Oktober hinein mit den schönen Früchten versorgen zu können. Auch auf dem Balkon sind die 50–60 cm hohen Pflanzen mit den zarten lila Blüten eine – hierzulande ziemlich ungewohnte – Zierde. Auberginen vertragen sich übrigens gut mit Kapuzinerkresse, die, dazwischen gepflanzt, das Farbenspiel perfekt machen.

Pomodori ripieni

Gefüllte Tomaten

- 500 g Cherrytomaten
- grobes Meersalz
- 2 EL Pinienkerne
- entsteinte schwarze Oliven oder Petersilie für die Garnitur

Füllung
- Pesto, Seite 90
- Baccalàpüree, Seite 47

1.
Die Tomaten köpfen, d.h. am Stielansatz einen Deckel abschneiden. Die Früchte mit einem kleinen Löffel aushöhlen. Die Tomaten innen salzen und auf einem Kuchengitter über einer Schüssel abtropfen lassen.

2.
Die Tomaten auf einer Platte anrichten. Die Füllung mit einem Kaffeelöffel oder einem Spritzbeutel einfüllen. Mit gerösteten Pinienkernen, entsteinten schwarzen Oliven oder Petersilie garnieren.

Frittata di asparagi

Eierkuchen mit Spargel

- 500 g grüner Spargel
- 6 Freilandeier
- 2 EL Milch
- 3 EL fein geschnittener Schnittlauch
- Meersalz
- schwarzer Pfeffer aus der Mühle
- 1 Prise geriebene Muskatnuss

- 1–2 EL Olivenöl extra nativ

- Radieschen und Frühlingszwiebeln für die Granitur

1.
Das untere Drittel beim grünen Spargel schälen, das Ende kappen, in etwa 1 cm lange Stücke schneiden. Im Dampf 5 bis 8 Minuten garen. Mit kaltem Wasser abschrecken und gut abtropfen lassen.

2.
Eier, Milch und Schnittlauch verrühren, mit Salz, Pfeffer und Muskatnuss würzen.

3.
Das Olivenöl in einer großen Bratpfanne erhitzen, die Eimischung hineingeben und sofort die Spargelstücke in die Pfanne verteilen. Stocken lassen.

4.
Die Frittata auf einen Teller gleiten lassen, dann wieder in die Bratpfanne stürzen und auf der anderen Seite Farbe annehmen lassen.

5.
Frittata in mundgerechte Stücke schneiden, mit Radieschen und Frühlingszwiebeln garnieren.

Fiori di zucchini fritti con salsa di ricotta

Zucchiniblüten mit Ricottasauce

- 20 kleine Zucchini mit Blüten
- 2 Freilandeier
- 4 EL Bier
- 150 g Mehl
- Meersalz
- schwarzer Pfeffer aus der Mühle
- Olivenöl zum Fritieren

Ricotta-Schnittlauch-Sauce
- 180 g/1,8 dl süße Sahne/Rahm
- 250 g Ricotta
- 1 Bund Schnittlauch
- Kräutermeersalz
- schwarzer Pfeffer aus der Mühle
- ein paar Spritzer Zitronensaft

1.
Bei den Zucchiniblüten die Stempel entfernen, die Blüten auf Insekten kontrollieren, vorsichtig säubern.

2.
Den Backofen auf 150 Grad vorheizen.

3.
Eier, Bier und Mehl glatt rühren, mit Salz und Pfeffer würzen.

4.
Zum Fritieren reichlich Öl erhitzen. Nur die Blüten durch den Teig ziehen, im Öl portionenweise ausbacken.

5.
Die fritierten Zucchini auf Küchenpapier abtropfen lassen, dann im vorgeheizten Backofen bei 150 Grad warm stellen.

6.
Für die Sauce die süße Sahne steif schlagen, den Ricotta unterrühren. Den Schnittlauch fein schneiden und dazugeben. Würzen.

Peperonetti ripieni

Gefüllte Babypeperoni

- 20 gelbe, rote und grüne kleine Gemüsepaprika/Babypeperoni, gemischt

Bohnen-Tomaten-Gemüse
- 1 roter Gemüsepaprika/Peperoni
- 10 getrocknete Tomaten
- 2 Knoblauchzehen
- 1 EL Olivenöl extra nativ
- 1 Dose weiße Bohnen in Tomatensauce (440 g)
- Kräutermeersalz
- Pfeffer aus der Mühle
- 2 Zweiglein Thymian
- Basilikumblätter oder Petersilie für die Garnitur

1.
Beim Gemüsepaprika den Stielansatz entfernen, halbieren und entkernen, in Streifen schneiden. Die getrockneten Tomaten auch in Streifen schneiden. Den Knoblauch in feine Scheiben schneiden.

2.
Die Gemüsepaprikastreifen im Olivenöl dünsten, Tomaten und Knoblauch dazugeben und mitdünsten. Die weißen Bohnen samt Tomatensauce dazugeben, 5 Minuten köcheln lassen. Mit Kräutersalz und Pfeffer würzen. Die gezupften Thymianblättchen darüber streuen und abkühlen lassen.

3.
Die kleinen Gemüsepaprika am Stielansatz köpfen, d. h. einen Deckel abschneiden. Die Früchte entkernen. Mit dem kalten Tomaten-Bohnen-Gemüse füllen und mit Basilikumblättern oder Petersilie garnieren.

Tipp
Man kann die Gemüsepaprika auf die verschiedensten Arten füllen. Der Phantasie sind dabei keine Grenzen gesetzt. Von den Rezepten in diesem Buch eignen sich zum Beispiel auch: Thunfischpaste, Seite 34, Ricotta-Schnittlauch-Sauce, Seite 85, Tomatenhack, Seite 37 oder Baccalà mit Kichererbsen, Seite 47.

Abbildung

Pomodori farciti alla caprese

Gefüllte Tomaten

- 500 g Cherrytomaten
- grobes Meersalz
- 150 g kleine Mozzarellakugeln
- 1/2 Bund Basilikum
- 1–2 EL Olivenöl extra nativ

1.
Die Tomaten köpfen, d.h. am Stielansatz einen Deckel abschneiden, die Früchte mit einem kleinen Löffel aushöhlen. Die Tomaten innen salzen und auf einem Kuchengitter über einer Schüssel abtropfen lassen.

2.
Das Basilikum hacken, zusammen mit den Mozzarellakugeln im Öl wenden. Mit dem Salz bestreuen.

3.
Je eine Mozzarellakugel mit dem Basilikum in eine Tomate füllen.

Abbildung

Involtini di Zucchini

Zucchiniröllchen mit Lachsmousse

- 2 Zucchini

- 200 g Räucherlachs
- $1^1/_2$ EL Zitronensaft
- 100 g/1 dl süße Sahne/Rahm
- 150 g Meerrettich-Frischkäse
- 2 EL fein gehackte Zitronenmelisse
- 1 Spritzer Tabascosauce
- etwas abgeriebene Schale einer unbehandelten Zitrone
- Meersalz
- Cayennepfeffer

1.
Die Enden der Zucchini kappen, mit dem Sparschäler möglichst viele feine Längsstreifen abziehen. Die Zucchinistreifen im kochenden Wasser kurz blanchieren, damit sie geschmeidig werden. Mit dem Schaumlöffel herausnehmen und auf Küchenpapier zum Trocknen legen.

2.
Den Räucherlachs in Würfelchen schneiden oder pürieren, mit dem Zitronensaft beträufeln. Die süße Sahne steif schlagen, den Meerrettich-Frischkäse und die fein gehackte Zitronenmelisse unterrühren. Würzen. Mit dem Lachs vermengen.

3.
Die Zucchinistreifen dünn mit Lachsmousse bestreichen, aufrollen. Mit einem Zahnstocher fixieren. In die Mitte der Röllchen noch so viel Mousse wie möglich füllen. Auf einer Platte anrichten und mit Zitronenscheiben und Zitronenmelisseblättern garnieren.

Involtini di cavolino Bruxelles con pancetta

Rosenkohl-Bällchen mit Speck

- ca. 500 g Rosenkohl
- 1 l Gemüsebrühe
- 1 mittelgroßer Cicorino rosso/ Radicchio
- 150 g dünn aufgeschnittene Pancetta (geräucherter Speck)
- 30 g Butter

1.
Den Rosenkohl putzen, den Strunk kreuzweise einschneiden, in der Gemüsebrühe knackig garen. Die Brühe abgießen (für eine Suppe verwenden).

2.
Beim Cicorino rosso die Blätter ablösen, halbieren und die weißen Blattrispen wegschneiden.

3.
Jedes Rosenkohlköpfchen in ein halbiertes Salatblatt einschlagen und mit einer Tranche Speck umwickeln. Mit einem Zahnstocher fixieren.

4.
Die Rosenkohl-Bällchen in der Butter einige Minuten bräunen.

Tipp
Dieser herbstliche Appetizer wird noch stimmungsvoller, wenn man heiße Maroni dazu serviert.

Abbildung

Pesto di rucola

Rucolapesto

- 1 Hand voll Rucola
- 2 EL glattblättrige Petersilie
- 1 Knoblauchzehe
- wenig abgeriebene Schale einer unbehandelten Zitrone
- 2 EL Pinienkerne
- 8 EL Olivenöl extra nativ
- Meersalz
- schwarzer Pfeffer aus der Mühle

1.
Beim Rucola und bei der Petersilie grobe Stiele entfernen, die Knoblauchzehe in Scheiben schneiden.

2.
Kräuter, Knoblauch, Zitronenschalen, Pinienkerne und Nüsse im Mixerglas nicht zu fein pürieren. Mit Salz und Pfeffer würzen.

Pesto genovese

Genueser Pesto

- 1 Bund Basilikum
- 1 Bund Petersilie
- 4 Knoblauchzehen
- 2 EL Pinienkerne
- 2 EL geriebener Parmesan
- 100 ml/1 dl Olivenöl extra nativ
- Meersalz
- schwarzer Pfeffer aus der Mühle

1.
Beim Basilikum und bei der Petersilie grobe Stiele entfernen, die Knoblauchzehen in Scheiben schneiden.

2.
Kräuter, Knoblauch, Pinienkerne, Käse und Olivenöl im Mixerglas nicht zu fein pürieren. Mit Salz und Pfeffer würzen.

Bärlauchpesto
Je 1/3 Bärlauch, Basilikum und Petersilie nehmen.

Stichwortverzeichnis

Bezugsquellen

Wenn es einmal besonders schnell gehen soll oder unerwartet Gäste kommen, greife ich gern auf fertige Crostinipasten und eingelegtes Gemüse zurück. Ich habe einen kleinen Vorrat davon im Keller und bin damit für jede Situation gerüstet. Meine Tipps und Erfahrungen, wo Sie gute Ware beziehen können, möchte ich an Sie weitergeben. Außerdem finden Sie hier ein paar ausgewählte Bezugsadressen für gutes Olivenöl und Balsamessig.

DEUTSCHLAND
220459 Hamburg, Michaelisstraße 22
La credenza; Scope digitale Kommunikation und Handel GmbH, Uta Karen Hammelmann
Tel. 040 35 76 230
Anfragen@scope-net.de
Direktimport italienischer Weine und Spezialiäten. Neuer Online-Shiop mit italienischen Spezialitäten aus ökologisch arbeitenden kleinen bis mittleren Familienbetrieben.

51063 Köln, Schanzenstraße 3 a
Nadia Deutschland
Tel. 0221 62 40 66, Fax 0221 62 61 19
Internet: www.nadia.de;
E-mail: Nadia@netcologne.de

82549 Königsdorf
Öle für Liebhaber/nur Natur, Nur Natur Stillern-Mooseuracher GmbH, ökologischer Landbau im Direktversand
Tel. 01 805 25 62 46

ITALIEN
52029 Castiglion Fibocchi (Toscana),
Via di Melciano 26
Fattoria La Vialla, Famiglia Lo Franco
Tel. 0575 36 43 72, Fax 0575 36 46 23
Weine, Olivenöl extra nativ, Weinessig, Pecorino, Saucen und andere Spezialitäten aus biologischer Produktion.
Direktversand nach Deutschland und Österreich

47853 Coriano (RN). Via Maranello 18/20
Amati Riccione SpA
Tel. 0541 65 58 11, Fax 0541 65 82 19
Internet: www.amati.it.
E-mail: info@amati.it

Breitgefächertes Sortiment, das von Sardellen bis Crostinipasten, Olivenöl extra nativ bis eingelegtem Gemüse reicht. Ab 1999 sind auch Bio-Produkte im Sortiment. In der Schweiz sind die Produkte bei Migros und Coop erhältlich.

SCHWEIZ
5400 Baden, Weite Gasse 8
Casa verde, biologische Lebensmittel
Tel. 056/221 20 10, Fax 056/221 01 10

8424 Embrach, Oberdorfstrasse 32
Le delizie di Capua, Bonefro
Tel. 01/865 29 29, Fax 01/865 70 80
Biologisches Olivenöl extra nativ und aromatisiertes Olivenöl al limone, al pompelmo und all'arancia.

8049 Zürich; am Wasser 55
Terra Verde
Tel. 01/341 97 86, Fax 01/341 97 62
www.terra-verde.ch
Spezialisiert auf Geschenksets. Das Sortiment enthält qualitativ hochstehende Weine und Lebensmittel (Olivenöl, Balsamessig, Tomaten, Auberginen, Oliven u.a.)

8001 Zürich, Eichstrasse, beim Hauptbahnhof
Die Delikatessen-Abteilung im Globus in Zürich verfügt über ein reichhaltiges Sortiment für die italienische (Fingerfood)Küche. Hervorzuheben sind besonders die feinen Patés für Crostini (Auberginen-, Oliven-, Artischocken- und Tomatenpaste mit Knoblauchöl usw.), nebst eingelegten und getrockneten Tomaten, Steinpilzen, Balsamessig und Olivenöl u. a.

BAR
L'ORMEGGIO
3 GE 1022